現代監査規範の転換点
― 20世紀アメリカ会計監査史の一断面 ―

任　章
NIN　Akira

Turning Point on Modern Auditing Norms
– Sectional Aspects of 20th Century Auditing History in America –

同文舘出版

To my life long friend, Ray Smith, Stacy French, and To K.N

With memories of the past days in appreciating Mr. Dean R. Miller, CPA, Financial Comptroller of Morgan Guaranty Trust of New York, who duly defined the role of righteous accountant.

A.N

Imagining the turning point on modern auditing norms - 1972 and 1977 -

October 1972

Foreword to the Reissue : *Main Street and Wall Street*
  "*Certainly, things are different today than they were fifty years ago. But precisely in what way are they different ?   The beast is still not caged*" by Maurice Moonitz

June 1977

With the memories of Manuel F. Cohen
"*He never forgot the public interest*"
by Stanley Sporkin

はしがき

　本研究に先行させ，筆者は『監査と哲学：会計プロフェッションの懐疑心』（同文舘出版，2017）を上梓している。哲学に関心を寄せて奔放に筆を振った前著と異なり，本書の執筆にあたっては監査史のモダリティー（modality）を強く意識した。本書は独立の外観を備えているが，しかし特に，監査人の懐疑心のあり様を思量する上でその内容は先行書と不可分である。

　本書では監査厳格化へと向かう歴史の転換点を見定めるため，間際の監査規範の展開に紙幅を割くことなく，もっぱら，20世紀の会計・監査研究書を標的に見出した。特に，会計不正により惹起された1970年代アメリカの監査改革派の動向を追跡した。

　近年，本邦にても監査人懐疑心についての論究が続いてきた。他方で，懐疑心の限界とそのコストに関し，現実感を伴った議論が尽くされているとは言えない。そのような現状からして筆者は，歴史的洞察を伴い，費用対効果の最適解を意識し，斯界に初めて健全な懐疑心の保持を要請したマニュエル・コーエン率いる「監査人の責任」委員会報告書（AICPA, 1978）が，時代を超えて再評価されるべきと思う。

　時の移ろいに連れて評価軸が変わろうとも，他方で過去の偉業を再評価し今に活かしていくことは研究者の責務だろう。筆者は，現象の再認識価値の発見こそが今後も監査のパースペクティブに干渉し続けると考えている。そして，その目的では知識の断片化を避けて広角の視野を保つこと，言わば対象に注がれるパン・フォーカスまでが許されると信じ本書を執筆した。

　執筆を進める上では相当数の先行研究を参照したものの，しかし信頼できる文献は限られた。中には参考文献リストに一行あまりで記すことが許されない程までに依拠した文献もある。『公認会計士：あるプロフェッショナル100年の闘い』（1987）をはじめとする千代田邦夫教授の数々の著作である。

筆者の認識は千代田の見識に影響されて形作られてきた。

　加えてこの度は，米国の監査史に光をあてている本邦のクラシック，殊に久保田音二郎著『適正表示の監査』(1972)，西田剛著『アメリカ会計監査の展開：財務諸表規則を中心とする』(1974)，小森瞭一著『アメリカビジネスの会計規則』(1989) 等の書籍を参照した。さらに筆者がその昔在籍した早稲田大学染谷会計学研究室の先達研究者ら，なかんずく渡辺和夫 (1979)，細田 哲 (1979)，金井繁雅 (1979)，高松正昭 (1983) 執筆の文献を読み返し，刺激を受けた。その結果，本書は，往時の研究室に対するオマージュの如き一冊となっている。

　19 世紀から 20 世紀にかけての歴史を顧みる上では，筆者は経営史分野にて定評ある幾つかの書も，参考にした。奉職先大学の退職を間近に控え，長年手許に置いてきた多数の良書の内容を今一度，確かめておきたいという気持ちが強かった。

　さて本書にては特に 1970 年代に注目している理由が三つある。私事，恐縮であるが，一つはコーエン委員会報告書が刊行された年が，自身が早稲田大学の「染谷ゼミナール」に入門し初歩的な研究マインドを持ち始めた時期であり感慨深いからである。二つめは，研究室の先達とは連れだって「SEC 会計連続通牒」を入手し，さらには「スカラーズブック・アカウンティング・シリーズ」を共同購入し「アブデル・カリク＝ケラー」等の最新の文献に対峙したものの，当時はそれらの内容を理解できず長らく遺憾に思っていたからである。そして三つめは，筆者自身の研究を通じ，従前の経営者誠実性を前提にした「マウツらの監査公準」が破棄され，監査人に懐疑心が要請されるようになる点で，そのタイミングが現代監査規範の転換点となっていること，そしてコーエン委員会報告書が「分水嶺」の如く屹立しているという確信を得たからである。

　ところで本書に関わっては 2013 年 6 月にイスタンブール工科大学にて開催された或る会計史学会にて，筆者が直に，コーエン委員会を支えた米国会計歴史家アカデミー（AAH）元会長，バーバラ・メリノ教授と言葉を交わす絶

好の機会に恵まれたことが執筆の動機づけになっている。

　本書の上梓に際しては当初の校正段階より，下関市立大学の島田美智子教授から御支援を賜った。さらに同窓ゼミナールの学兄，浅枝芳隆氏（元 デロイト EMEA／JSG 統括リーダー）からも，特に 1980 年代米国の会計士事情についてインスピレーションをいただいた。記して謝意を表したい。そして専門書の出版情勢が極めて困難な中，幸いにも北九州市立大学より学長選考型研究費（B）たる出版助成を賜った。その上で，前著に続き，青柳裕之氏をはじめとする同文舘出版の編集者皆様から不断の御支援を頂いた。各界，各氏より寄せられた御厚意に対し，衷心から謝意を表したい。

　最後に，早稲田大学商学部ゆかりの先生方に御礼を申し述べさせていただく。殊に学部及び大学院前期課程在籍時に御指導を賜った染谷恭次郎先生。課程論文「要請的会計公準論」の審査にあたって下さった新井清光先生。短からぬ企業勤務を経て復学した後，後期課程にて演習指導を賜った恩師，塩原一郎先生。そして後期課程受験時に面接をして下さり奉職後も何かと御支援下さった広瀬義州先生に，花を手向けて，である。学窓の恩師はみな鬼籍に入られた。胸中，無念千万である。

　2021 年 6 月 28 日

任　　章

現代監査規範の転換点 ◉ 目次

序　章

対象と方法

第 1 章

プロローグ───米国における監査萌芽期の省察

第2章

20世紀――嵐とともに

第3章

1978年 コーエン「監査人の責任」委員会報告書について

第4章

「監査人の責任」委員会報告書を形成した個別研究

第5章

コーエン「監査人の責任」委員会報告書に対する批判と評価

終 章

結論と展望──エピローグに代えて

付 録

はじめに

　以下，筆者の執筆態度に関わる事柄を書き記す。

　本書は原典の抄訳を多く含んでいる。翻訳に際して筆者は逡巡しつつ日本語をあてた。手許に翻訳書を得たものについては定訳を重んじたが徹底はしていない。斯界にては定評ある翻訳書があるのにそれらをさし置いて抄訳を付している箇所が多い。さらに翻訳の上では原典を自由気侭に読み解いている箇所がある。もとより筆者は正確な逐語訳が必ず望ましい結果を齎すとは考えていない。監査研究書の類にあっても日本語の微妙なニュアンスを大事にしてもよかろうと考えている。結果，本書では，筆者の力の限りで原著者の真意を推察し，あえて意訳することを是としている。

　さらに，本書の執筆に際しては引用文と筆者自身の文脈の性質が異なり，無理に接いでは違和感が生じると懸念される箇所が多かった。筆者は，本書を読み易いものにするため，引用文を繋げる上では無断であれこれと修正を施した。原著者らに対する無礼の積み重ねはひとえに筆者の無思慮と浅学の故である。

本書における用語法

筆者は本書の主題に関わる幾つかの概念と用語について，以下の如き構想を前置している。

【嵐の時代】

筆者は本書にて 1960 年代後半からの 10 年あまりを「嵐の時代」と称している。狭義の嵐の時代は，立て続けに経営者不正が発覚する 1960 年代末から 1970 年代初めまでの期間を指す。広義の嵐の時代はその後コーエン委員会報告書が刊行された 1970 年代末までの 10 年あまりの時代を指す。

ところで嵐の時代たるはもっぱら千代田が用いている表現である。他方で，久野（2009, 235）はプレビッツ＝メリノの歴史区分に依拠し，1946 年から 1972 年に至る四半世紀を「拡大と論争：不確実性の時代の会計人」と伝える。「嵐の時代」を「疾風怒濤の時代」，「論争の時代」等と読み換えることも勿論のこと適切だろう。

【懐疑主義】・【懐疑心】・【職業専門家の懐疑心】

筆者は哲学的懐疑主義と監査研究上での懐疑心とを峻別した。先行させた自著（2017）と同様，スケプティシズム（英 scepticism, 米 skepticism, 独 skeptizismus, 仏 scepticisme）を懐疑主義と訳している所は哲学の思想的側面を意識している箇所である。他方で単に懐疑心と記している所は，監査研究を意識している箇所である。さらに職業専門家あるいは監査人の懐疑心と表している部分は監査実務までを念頭において執筆した箇所である。

ところで監査人の懐疑心たるテーマを，ギリシャ・エリスのピュロン [Pyrrhōn, 360-270 B.C.] が唱えた判断保留の態度（希 epoke）に結びつけることは監査界では認められない。公認会計士たる実務者がピュロニストの如く平静不動の心理状態（希 ataraxiā）に至る必要はない。監査人懐疑心の表象

形態は哲学的懐疑主義とは別次元にある。哲学への憧憬を以て過ぎたる懐疑を標榜するはむしろ，危険なことである。

【監査基準】・【監査基準書】・【監査規範】

　本書では「一般に認められた監査基準」（GAAS）を「監査基準」と称し，他方で実務指針たる米国 SAS 各号を「監査基準書」と記している。本書にては監査基準に止まらず監査基準書さらには実務手続書や公的委員会勧告等，それらを最広義で解釈したものを「監査規範」と称している。

　ところで本書内各所にて筆者は，「監査の失敗」（audit failure）状況に通じる著しい低品質監査すなわち「基準以下の監査」（sub-standard audit）について論じている。そこにおいて基準なるものの意味は，監査品質のスタンダードを睨んだ測度として捕捉される。

【監査証拠】

　哲学界にあって証拠（英 evidence, 独 evidenz, 仏 évidence）とは「明証ないしは直証を齎す観念」を意味する。他方で監査界にあっては，後述するフリント（Flint, 1988, 108）曰く「重要なことは証拠が監査人の心に及ぼす効果」である。しかるに証拠の価値たるはそのものの客観性だけでなく，収集された証拠が監査人を確信に導き得るか否かにより決定される。

【会計プロフェッション】・【会計専門職】・【公認会計士】・【職業専門家】

　本書にては，いわゆるビッグ 4 の如きメガファームに率いられる公認会計士の職能世界を「会計プロフェッション界」あるいは「会計士業界」と称している。さらに，プロフェッション（profession）たる語についてはそれらを「専門職」あるいは「会計専門職」，「会計士」もしくは「公認会計士」，さらには「職業専門家」等という語とほぼ含意差なく，互換させて用いている。

【監査理論】

　オライリー（O'Reilly）ら執筆のクーパース・アンド・ライブランド会計事務所版『モントゴメリーの監査論』（第11版, 1990; 訳書, 1993, 195）は『ウェブスター新世界辞典』（*Webster's New World Dictionary*）を基に，理論（theory）たるものの意味を「ある程度検証されている観察現象の明らかな関係またはその基礎にある原理の集大成」と説明している。

　特に「監査理論」の意味についてオライリーらは「理論は実務がどうあるべきかについての指針を提供する」，「監査理論の目的は目標達成のために必要な監査手続およびその範囲を決定するための合理的，論理的かつ概念的な枠組みを提供すること」と言う。

【異常項目】・【不正】

　今日の監査人の努力目標の一つが経営者不正の阻止と発見にあることは論をまたない。米国のオマリー・パネル報告書（POB, The Panel On Audit Effectiveness, AICPA, 2000）は1988年SAS第53号まで用いられていた「異常項目」（irregularity）という表現と，その後1990年代後半に入り用いられ始めた「不正」（fraud）たる語の差異に関し，「その財務諸表がそれらを正当なものと信頼している他人に示され，損害を与える場合にのみ異常項目が不正になる」，「しかし俗な言葉ではその用語は交互に同じように用いられている」（2000, 3.2, 脚注1; 訳書, 2001, 111）と説明する。

　過去，米国の不正事件調査報告等にあっては犯罪者同等の詐意（さくい）（騙そうとする意図，羅 scienter）が推察された場合に初めて不正という語が用いられた。しかし監査基準書上は1997年SAS第82号の公刊に至りようやく不正たる語が使用され始めた。会計プロフェッション界はどうあれ被監査経営者を不正遂行者（perpetrator）の如く見ることを望まなかった。それ故にAICPAは不正たる語を忌避し，その言葉を監査基準書に記すことを長らく躊躇していた。

　筆者は，近年の厳格監査の趨勢にも留意しつつ，fraud については異常項

目ではなく，厳に，不正と記すことを執筆上の基本態度にしている。

【倫理】・【倫理的行動】

　筆者は，ASOBAC（AAA, 1973, 17）が引用する R.M. トゥルーブラッド稿 Rising Expectations（1970）に示された見解に従い公認会計士に求められる「倫理」と「倫理的行動」の意味を捉える。すなわち「真に倫理的な行動たるは法や規則，あるいはルールが定めるものにあらず。それは責任感に裏打ちされた人々の資質と確信に由来する」。それ故，プロフェッションが持つ倫理観たるものは，フォーマルな規定が定める水準を超えて行かなければならない。

　その意味からして，監査基準が定める品質水準以下の監査でなければ責任回避が可能と考えるプロフェッションの態度は非倫理的として批判されるだろう。それこそがコーエン「監査人の責任」委員会を実質的に率いた D. R. カーマイケルの考え方であった。

凡例　主要略語の一覧（米国の機関名等を中心とする）

略語	英表記	日本語
AAA	American Accounting Association	米国会計学会
AAH	Academy of Accounting Historians	米国会計歴史家アカデミー
AAPA	American Association of Public Accountants	米国公共会計士協会
ACFE	Association of Certified Fraud Examiners	公認不正検査士協会
AIA	American Institute of Accountants	米国会計士協会
AICPA	American Institute of Certified Public Accountants	米国公認会計士協会
APB	Accounting Principles Board	会計原則審議会
ASB	Auditing Standards Board	監査基準審議会
ASOBAC	A Statement of Basic Auditing Concepts	『基礎的監査概念ステートメント』
ASOBAT	A Statement of Basic Accounting Theory	『基礎的会計理論ステートメント』
ASR	Accounting Series Release	会計連続通牒
AudSEC	Auditing Standards Executive Committee	監査基準常務委員会
CACS	Committee on Accounting Concepts and Standards	会計概念基準委員会
CAP	Committee on Auditing Procedure	監査手続委員会
CPA	Certified Public Accountants	公認会計士
FAF	Financial Accounting Foundation	財務会計財団
FASB	Financial Accounting Standards Board	財務会計基準審議会
FCPA	Foreign Corrupt Practices Act	海外不正支払防止法
FDIC	Federal Deposit Insurance Corporation	連邦預金保険公社
FEI	Financial Executive Institute	財務担当役員協会
FRB	Federal Reserve Board	連邦準備制度委員会
FRC	Financial Reporting Council	（英）財務報告評議会
FTC	Federal Trade Commission	公正取引委員会
GAAP	Generally Accepted Accounting Principles	一般に認められた会計原則

略語	英表記	日本語
GAAS	Generally Accepted Auditing Standards	一般に認められた監査基準
GAO	General Accounting Office	米国会計検査院
IFAC	International Federation of Accountants	国際会計士連盟
MAS	Management Advisory Service	経営指導業務
NCFFR	National Commission on Fraudulent Financial Reporting	不正な財務報告全米委員会
NYSE	New York Stock Exchange	ニューヨーク証券取引所
PCAOB	Public Company Accounting Oversight Board	公開会社会計監視委員会
POB	Public Oversight Board	公共監視審査会
SAP	Statement on Auditing Procedure	監査手続書
SAS	Statement on Auditing Standards	監査基準書
SATTA	Statement on Accounting Theory and Theory Acceptance	『会計理論及び理論承認』
SCAP	Special Committee on Auditing Procedure	監査手続特別委員会
SEC	Securities and Exchange Commission	証券取引委員会
SECPS	SEC Practice Section	証券取引委員会監査業務部会
SFAC	Statement of Financial Accounting Concepts	『財務会計概念に関するステートメント』
SOX	Public Company Accounting Reform and Investor Protection Act of 2002	「証券諸法に従って行われる企業情報開示及びその他の目的で行われる企業情報開示の正確性及び信頼を向上させることにより投資家を保護させるための法律」通称「SOX法」ないしは「企業改革法」(P.S.Sarbanes上院議員・M.G.Oxley下院議員提案のサーベンス・オクスリー法)

現代監査規範の転換点

——20世紀アメリカ会計監査史の一断面——

序章

序 章

対象と方法

Monologue

◼ ◼ ◼

パブリックの利益を重んじる監査人と被監査経営者との間には
利害衝突の構図があって当然である。
しかしそのことが正しく認識されるためには
古い監査公準の類を捨て去る必要があった。

Ⅰ ■ 研究テーマ設定の背景

　現代財務諸表監査の歴史的展開に的をあてた本書は，公認会計士の精神態度に関わり (1)「経営者を誠実と観る規範」，(2)「経営者を中立的マインドから観る規範」，そして (3)「経営者を懐疑する規範」へ移行したその過程を見つめている。

　振り返れば 20 世紀半ば，アカデミック視点から監査職能を顧みた研究者にはロバート・マウツとフセイン・シャラフがいた。往時，いち早く監査公準を措置し，さらに哲学的懐疑主義にまで接近したマウツ＝シャラフの書 (1961) は，今なお高く評価されている。

　しかし 20 世紀半ばの理論構造と当時採用されていた監査公準とが，今に至り妥当ではなくなった理由は，もっぱらマウツらが記した或る一つの公準，すなわち「監査人と企業経営者との間に必然的な利害の衝突はない」 ("There is no necessary conflict of interest between the auditor and the management of the enterprise under audit" Mautz and Sharaf, 1961, 49) と記された文脈の，旧態性が齎す責である。しかるに本書では当該マウツらの監査公準を棄却し，それを「帰無仮説」へ追いやらんとする往時の監査改革派の動きを追跡する。

　本書のテーマ設定上の動機づけと論述対象は，順不同で以下の如きである。

- 監査人懐疑心要請の歴史的起点の見極め。
- 裁判所の判断が会計士業界に味方してきた歴史的事実の確認。
- 監査規範の転換期の特定。
- コーエン委員会は均質の一枚岩でなく同委員会から出された勧告の実質はモザイクの如きものであること。

- コーエン委員会が往時の研究者らを批判していたこと。
- コーエン委員会報告書を AICPA を代表する公式見解と解すべきではないこと。
- 米国会計プロフェッション界と産業界とが監査の改革に消極的だった事実。

Ⅱ ■ 本書の展開と固有の限界

　本書が中心に据えるコーエン「監査人の責任」委員会報告書の理解に繋げるため，第1章では「米国における監査萌芽期の省察」を行う。その理由はコーエン委員会に関わった会計史家メリノが財務諸表監査の萌芽期を省察し，その成果に基づき「監査人の責任」委員会報告書が書かれているからである。

　第2章「20世紀──嵐とともに」にては1934年の監査制度化前後の状況を描写し，その上で1960年代以降の嵐の時代，なかんずく1973年エクイティ・ファンディング社事件に関わる所見を述べる。しかしその嵐の時代もハックフェルダー事件に対する1976年最高裁判所の判断を以て沈静する。直接の当事者（privity）ではない公認会計士とパブリックとの関係性を考える時，そもそも裁判所においては不正への加担が立証されない限り会計士は救済されるのが基本である。しかるに，度々の保守的な法廷判断にも影響され，その後の監査改革は水を差される結果となった。

　第3章にてはコーエン委員会報告書の勧告内容のうち，特に本書主題に関わりある箇所について意訳を加え，各々の文脈を評価した。

　第4章にてはコーエン委員会報告書に内包された個別研究成果について説明し，さらに同報告書自体が各界の政治的判断の産物であり，米国の，激動の1970年代を象徴しているとみた。

　続く第5章にてはコーエン委員会報告書がその後批判された背景を詳らかにした。すなわちコーエン委員会報告書刊行の翌年，産業界の意向に留意し

AICPA から出された三委員会報告書の主張を後の第 8 章を含めて検討する。そして 1980 年代に至ってからはコーエン委員会が監査人に違法行為の通報を求めなかった点を批判されたその間の事情を明らかにする。加えて本章では，本邦研究者間で持たれている，コーエン委員会の属性や性格解釈に纏わる誤解を指摘する。

　第 6 章にては「1980 年代後半における監査改革の歩み」の一端を記した。米国では往時，政権交代が起り，結局，いち早く監査改革をリードするはずの「1986 年法案」は通らなかった。そしてコーエン委員会の魂は 10 年の歳月を挟みトレッドウェイ委員会へと引き継がれた。

　第 7 章「1978 年「監査人の責任」委員会報告書の周辺」にては 1960 年代半ば，米国会計学会が『基礎的会計理論ステートメント』（ASOBAT）（AAA, 1966）を発刊し，その研究方向性が 1973 年『基礎的監査概念ステートメント』（ASOBAC）（AAA, 1973）に承継された事実，そして往時第一線の研究者が不正防止策よりむしろ研究方法論の深耕に関心を持っていた事実を指摘する。しかしその時代にあっても例えばシャンドル，ロバートソン，フリントら，およそコーエン委員会と考え方を一にして実務の改善を図ろうとする研究者もいた。本章にてはそれらの論者について，彼らの業績の一端に触れる。

　第 8 章ではコーエン委員会最終報告書の刊行後，別途 AICPA が立ち上げていた各種の委員会活動がコーエン委員会勧告にとり逆風となったことを記し，終章の結論に繋げた。

　筆者は，今から半世紀近く前にマニュエル・コーエンが睨んでいた課題は 21 世紀の今でも存在していると考えている。コーエン委員会勧告を改めて読み込むことにより喫緊の課題を炙り出し，しかるべき展望を持つことが可能になる。そしてそれこそが現代監査規範の転換点を刻んだコーエン委員会報告書の本源的な価値であると主張して本書を結ぶ。

　ところで本書の主題をヨリよく理解するためには米国の現代監査史を可能な限り広い視点から踏まえておく必要がある。しかるに読者の便宜を考えて

付録をも設けた。其処においては「SEC 会計連続通牒のレファレンス」と
「監査規範の展開史」に関わるごく簡単な年表を収めている。

　ここで本書の限界の如きについても記しておかなければならない。本書で
は現代監査の転換点，すなわち被監査経営者を性善説に基づいて見る監査公
準から離脱し，経営者を中立的に観察するようになる変化がコーエン委員会
により齎されたと主張した。しかし筆者はコーエン委員会勧告の一部を対象
にして論じているに過ぎない。同委員会勧告の全体像に触れるためには，む
ろん原書の全部あるいは鳥羽至英教授執筆の『財務諸表監査の基本的枠組
み』（AICPA, 1978; 訳書, 1990）たる翻訳書を読み込む必要がある。

　さらに本書にて筆者の知見は様々な限界に遮られている。もとよりコーエ
ン委員会の全体像を詳らかにするためには委員会会合毎の議事録の全てを入
手し分析する必要がある。しかし筆者のリソースの限りはそのことを可能に
しなかった。またその時代の政治状況を克明に論じるためには連邦議会議事
録のオリジナルにあたる必要があるがそれとても叶わなかった。

　しかしながら，こと米国政治の動向に関する検視的作業は監査史研究者で
はなくむしろ政治学研究者らが関わるべき領域と察することもできる。

第 **1** 章

プロローグ
——米国における監査萌芽期の省察

Monologue

■ ■ ■

その時代の変化と社会からの批判を
業界にとっての大きなビジネスチャンスに捉えたのは，
あたかも政治家のように雄弁をふるう公認会計士，G.O.メイだった。

I ■ 19世紀末
——いわゆる黄金時代における会計プロフェッションの役割

　会計史家であるプレビッツ（G.J. Previts）とメリノ（B.D. Merino）が用いた時代区分［プレビッツ＝メリノの第4期, 1866-1896］では，南北戦争後の1866年からニューヨーク州で公認会計士法が制定される1896年までの間は「黄金時代」[1]もしくは社会派の経済学者ソースティン・ヴェブレン［T.B. Veblen, 1857-1929］の表現によれば「金メッキの時代」（gilded age）と揶揄される時代だった。

　1865年の南北戦争終戦後，1870年代から1880年代にかけて，米国では立志伝中の経営者[2]が華々しく活躍を始め，他方で富裕層の贅沢な消費がその時代の空気感の基調になった。そして思想面ではパース［C.S. Peirce, 1839-1914］とジェームズ［W. James, 1842-1910］が牽引した実用主義（Pragmatism）が人々の心に根づいて行く。

　その当時，「1860年〜1900年の間に工業生産は約7倍にまで増え，生産価格は年産100億ドルを突破し米国は世界一の工業国となった」（山本, 1969, 47-50）。他方で学界にあっては社会の歪みと格差の拡大を心底から憂えていたヴェブレンが，『企業の理論』（*The Theory of Business Enterprise*, 1904）さらには『技術者と価格体制』（*The Engineers and the Price System*, 1921）の研究を進めていた。そのヴェブレンは，大企業経営者の強欲な振る舞いが目に余る程のものとなっており，また財がパブリックに対して公正に分配されていないと批判し始める。

　産業化とともに齎された企業規模の拡大につれ，大企業は積極的に会計士を雇用し始める。そして鉄道業を核にした往時の産業界では倒産防止策に繋がる分析的な実務として財務諸表監査のニーズが認識され始める。その結果，19世紀末には会計実務の一局面に監査が定着する[3]。千代田（2018, I, 及び38）曰くは，「1896年，1897年頃から鉄道会社の年次報告書に対する会計士監査が流行（fashion）」し始め，そしてそれは「実務上の慣行（custom）と

して定着」した。しかし当時，監査の理論書はまだ世に存在していなかった。斯界にては関連の実務書が数点あったに過ぎない[4]。

　当時，会計士はビッグビジネスを興した経営者らに奉仕する存在だった。鉄道業界の一部例外を除いて株式は一握りの資産家により保有され，潜在的投資家たるパブリックの存在は顧慮されなかった。そうした様子は，久保田（1972, 21）曰く「米国の会社は一般に個人的株主または同族株主からなる会社だった」。「株主らは会社の実態を知りやすい立場にあったから年次報告を受ける側としての意識が無く，また経営者も，株主へ財務報告をせねばならぬという義務感を持っていなかった」。しかるに公認会計士が時として経営者を疑う程のことはないのである。

　しかし創業者引退後には経営権の委譲が起る。合併が進み，株式は分散保有され，それを力にして企業規模はますます大きくなる。1870年代から1880年代にかけてはとりわけ鉄道業の拡大が顕著だった[5]。そしてその後1920年代から1930年代にかけては製造業が興隆し，株式保有形態に関わっては「所有と経営の分離」が顕著となる[6]。そして州規制を超えた連邦規制までが必要とされるようになる。

II ■ 20世紀初頭——ビッグビジネスの成熟

　プレビッツ＝メリノが言う［第5期, 1897-1918］は，19世紀末から1918年11月の第一次世界大戦終結までの時代である。

　セントルイス万国博覧会と同じく1904年に開かれた第1回世界会計士大会にて公認会計士は「ビジネス・アドバイザーとしての豊富な経験と，多彩な手腕を持ち，発展を続ける国家の財務家，商人，製造業者の業務を援助」（Brewster, 2003; 訳書, 2004, 78）する奉仕者と認識されていた。

　しかし第一次世界大戦勃発7年前の，1907年10月の金融恐慌[7]が，銀行業界に大混乱を齎す。当時，恐慌による惨禍に直面した銀行は，預金者の引出し騒ぎに応じられる程の財務的基盤を持っていなかった。

1907年恐慌の後，その翌年の連邦財政は5,700万ドルの赤字になった。往時は銀行系財閥モルガン［John Pierpont Morgan, 1837-1913］が金融市場の混乱を収束させようと尽力していた。他方で連邦政府は，財政危機を乗り切るため，1913年に連邦所得税法を成立させる。そして従前の全国通貨委員会に代わり，連邦準備制度委員会（FRB）が組織され，いよいよウォール街の大銀行に投資資金が集中し始める。

　J.P.モルガンは鉄道会社の再編を推し進め，結果的に多くの企業を救済した。しかしながらパブリックは徐々に，一握りの銀行家に与えられる特権に対し疑問を持ち始める。そしてパブリックの間には投資家たる意識が少しずつ芽生えていった。

　そうした伏線の上で，千代田（1998, 19）は「皮肉にも，職業会計士に対する一層の需要と彼らの会計専門家としての地位を高めた一大要因として，第一次世界大戦がある」ことを指摘する。その大戦は1918年，ようやく終結する。その頃には全米各地で公認会計士法の施行が始まっていた。さらに有力大学の主要科目には経営学[8]が採用され始めていた。

　そしてプレビッツらが言う［第6期, 1919-1936］の頃にはフォード製の自動車が急速に普及し始める。米国の1915年の自動車登録台数は230万台だった。それが1929年には2,300万台を超えるまでになる。1908年発売の「T型フォード」車は総計1,500万台が生産された。米国は大量生産と大量消費に象徴されるいわゆるフォーディズム（Fordism）の世紀に突入するのである。

　その時代には全米各地で都市化が進行した。ブラックフォード＝カー（1986; 訳書, 1988, 252）曰く「1920年になって初めて，農村より町や都市に住む人のほうが多くなった」。しかし，第一次世界大戦直後の混乱に災いされ，合衆国はひとたび「1920年夏に始まり，1922年初頭まで続いた激しい戦後不況[9]」（同, 訳書, 1988, 259）を経験する。

　しかしその後，全世界でおよそ5億人が感染したいわゆるスペイン風邪が収束し，経済環境はにわかに上向く。1922年から1929年までの7年間，大量消費が未曾有のバブル景気を生む。うなりを上げる（roaring twenties）と

言われる程の大好況期，産業界にてはなおさら寡占と集中[10]が進む。実際「1925年から1931年の間，合計5,486件数もの合併」（同，訳書，1988, 256）が起った程である。

　そうしたバブル期，企業行動を批判していた一部の人々により，はたして経営者の責任を問う声が上がる。社会派経済学の創始者ヴェブレンを継ぐかのように，1920年代半ば，鉄道業を専門に研究していたリプリー［W.Z. Ripley, 1867-1941］，さらには女性ジャーナリストのターベル［I.M. Tarbell, 1857-1944］らが舌鋒鋭く経営者の振る舞いを糾し始める。

　20世紀会計学の巨星ペイトン［W.A. Paton, 1889-1991］とリトルトン［A.C. Littleton, 1886-1974］は，後の共著『会社会計基準序説』（1940）にて，「会社形態が生み出した結果の一つは，大企業における所有と経営の分離である」。そして「最も重要な会計責任は，各企業の一人または若干人の事業主的経営者に対し（果たされるもの）ではなく，むしろそれぞれの企業単位に対する現在，または未来の不在出資者の一つ，または若干のグループ，または階層に対して（果たされるもの）である」（訳書，1958, 1-3）と言う。

　そのように，ペイトンとリトルトンは，彼らの会計学思考の基盤に社会学的な経済学の視座を措置した。つまり，ヴェブレンが始祖となりその後リプリーやバーリ＝ミーンズ（A.A. Berle［1895-1971］and G.C. Means［1896-1988］）らが確立する社会派，あるいは後には制度派と称される経済学（institutional economics）分野の思考方法が，会計学者に対してまで影響を及ぼすようになる。実際，メリノ[11]は後に「ペイトン＝リトルトンの著作こそはスチュワードシップ構想を持つに至るバーリ＝ミーンズの，その企業実体論的解釈を試みた書である」（2013）と述べている。

　久野（2009, 227）に拠れば，実はそのメリノ自身も「新制度主義的[12]なアプローチに依拠した」会計史研究者だった。畢竟，メリノ[13]は，バーリ＝ミーンズが敷衍した「スチュワードシップ」構想が，ペイトン＝リトルトンの『会社会計基準序説』の支柱になったと見抜いたのである。

Ⅲ ■ 1920年代——パブリックに対する会計責任の認識

1920年代のアメリカ社会では実にいろいろなことが起きていた。「禁酒法が発効し（1920年），ラジオが出現し（1920年），フロリダで空前の土地ブームが起り（1925年），（T型の後継たる）A型フォード車が人々の注目を集め（1927年），リンドバーグが大西洋横断飛行に成功し（1927年），さらには強気の株式相場とその後の大恐慌が起った」（渡辺，1979, 31, 引用の Allen, 1931）。

1920年代中葉の大好況下，ビッグビジネスが成熟期に入ると，「ジェネラル・モータースの産みの親であったデュラント，さらにカーネギー，ロックフェラー，アーマーのような多くの創業者がビッグビジネスの世界から去った」。そしてその時代の事業承継の例を言えば，例えば「デュラントは1920年にGMの社長を辞め，その後はデュポン社と J.P. モルガン商会がデュラントの借金を引き受け，株の大半を引き継ぐ」（Allen, 1931; 訳書, 1975, 266）。

久保田は言う（1972, 22）。「米国は第一次世界大戦のために未曾有の活況を呈し，その結果，国民の証券投資への購買力に余力が増した」。「産業資本への需要が増大したので会社側は普通株の他に優先株，無額面株などと証券の種類を多くし，投資家に興味を持たせる方法を取り，その購買力を産業資本に吸収しようとした」[14] と。

こうした情勢下，ニューヨーク証券取引所（NYSE）はパブリシティすなわち，今に言うディスクロージャーの必要性を認識し始める。実際，NYSEの委員長クロムウェル（S.L. Cromwell）は1922年，証券発行に際して売主はパブリックに対して十分な財務開示（full publicity）を為し，上場企業たるは投資家に自社の財政状態を十分に通知（full information）すべきと主張し始めた。そして「1921年から1928年の間，上場企業数は倍以上に増え」，「上場に際しては財務諸表を添付する必要」が生じ，それにて生まれた財務情報提供のニーズの故に「会計専門家はますます忙しくなった」（小森，1989, 10）のである。

　1920年代の半ば[15]，株式の分散保有が進んだことにも影響され株価はます
ます高騰する。実際，証券市場に私財を投じる人々は著しく増えていた。
「ホーキンスによれば1900年には（株主数は）約50万人，1920年には約200
万人，1930年までに約1,000万人に達したと伝えられる」（渡辺, 1979, 36, 引用
の Hawkins, 1963, 257）。そして社会的な関心が「雇われ経営者」の振る舞い
や差配にまで向けられるようになり，パブリックは積極的に財務情報を欲す
るようになる。そしていよいよリプリーらにより「企業の社会的責任」に関
わる議論が開始される。

　コロンビア大学で学位を得た後に同大学では社会学を教え，マサチュー
セッツ工科大学で経済学を講義したハーバード大学教授リプリー（1926;
1927; reissued, 1972, xiv）は，突然の心臓発作で死去したW.G.ハーディング大
統領（任期1921−23）とその後副大統領から昇格したJ.C.クーリッジ大統領
（任期1923−29）の二人の［共和党］政権下，バブルを謳歌していた企業を批
判し始めた。リプリーは，企業がしかるべき財務開示の責任を果していない
ことが諸々の元凶だと言い始めるのである[16]。

　渡辺（1979, 33）が指摘するように，リプリーの *Main Street and Wall
Street*（1927）の書では例えば，「レハイ・アンド・ウィルクス・バーレ・コ
ル社は数年に亘り全く配当を払わず，しかも何の報告書も出していなかっ
た」（Ripley, 1927, 170）。「損益勘定に関してナショナル・ビスケット社は，貸
借対照表中に1925年度分の利益を示しただけであり，それ以上は何も示さ
なかった」（同, 1927, 184）。「エレクトリック・ボンド・アンド・シェア・セ
キュリティーズ社は株式数ならびに原価評価か市場価額評価かの区別を示さ
ず，投資額の一覧表だけを掲げている」（同, 1927, 191）。そのように，開示情
報不足に関してはリプリーから厳しい批判が展開された。

　付言すれば，リプリーは上記書の巻頭で，「私の生涯の熱望たるは人々に
機会平等を齎すことだった」，「しかるに本書は決して，単なる経済学の論
文，あるいは投資マニュアルの如きものと解されてはならない」（1927, xii,
抄訳）と記し，自らの情熱の源が投資家保護の想いにあることをはっきり書

き記している。

　リプリーが財務開示不足に纏わる議論を投げかける前，投資家に対する責任を真剣に考える会計士はほとんどいなかっただろう[17]。他方でその時代，会計プロフェッション界の鋭意のスピリットはアーサー・アンダーセンの態度にこそ見出すことができる。リプリー［1867-1941］とほぼ同時代に生きたアンダーセン［1885-1947］は，自らの周囲に集うプロフェッショナルを「顧客の問題解決の手助けをする優秀なビジネスマン」（Brewster, 2003; 訳書, 2004, 81）と見ていた。

　アンダーセンが座右の銘に掲げた，彼の両親[18]の母国ノルウェーの格言（"Think Straight-Talk Straight"）の如く，アンダーセンは公認会計士が顧客からの要求に率直に，積極的に応え，ますます職域を拡げ，大きなチャンスを得ることを望んでいた。実際アンダーセン会計事務所（Arthur Andersen, AA）の規模は「1914年には年収僅か45,400ドルだった。それが15年後にはニューヨークからロスアンゼルスまで7都市に事務所を持ち年収200万ドル以上にもなっていた」（小森, 1989, 24）。「ビッグ8で一番遅れて1913年にシカゴで開設されたアンダーセン会計事務所の1914年度収入45,400ドルは，1919年度188,000ドル，1920年度322,000ドルへと驚異的な伸張を見せた」（千代田, 1998, 20）。

　ところで経営者責任に関わっては1921年，その前年までの不況から何とか脱したUSスチール社社長エルバート・H・ゲイリーは（経営者たる者は）「経営者の行動と態度とに関心を持ち，かつ影響される投資家，従業員，消費者または顧客，競争企業，その他の全ての人々のバランスを取る立場にある」（Blackford and Kerr, 1986; 訳書, 1988, 277）と述懐していた様子である。そのように1920年代に入ってからは経営者の視野の隅にパブリックの存在が入ってくるようになるのである。

　実際，1924年の全米商業会議所「企業行動の原理」規約第13条には次の言葉が刻まれた。「企業を指導し管理する人々の第一の責務こそは株主に対

する責務である」。「経営者はその他の面でも責任ある行動をとらなければならない」。「彼らは従業員，奉仕すべきパブリック，競争相手に対してさえ責任を負っている」（Blackford and Kerr, 1986; 訳書, 1988, 278-279）。そして1925年に至っては750以上もの数の経営者団体が当該規約を承認する。

しかし1929年10月24日の「暗黒の木曜日」，突如，株式相場が暴落する。その後「1929年から1932年までの間に11万もの数の企業が倒産し，工業生産高は半分になった」。「1932年から1933年の冬までに少なくとも労働力の4分の1にあたる約1,400万人が失業した」。「大部分のアメリカ人はその時代を耐え難い苦しみの時代として記憶した」（Blackford and Kerr, 1986, 訳書, 1988, 298）。大恐慌によって人々の心情は一挙に暗転する。

その後F.D.ルーズベルト政権を支える形で初代のSEC委員長に就任したケネディ［J.P. Kennedy, Sr., 1888-1969］は次を述べている。「大恐慌によって，企業活動を支配している人達が誠実さと名誉ある行動によって動機づけられているという思いは打ち砕かれた」（Blackford and Kerr, 1986; 訳書, 1988, 280）と。パブリックが抱いていた経営者性善説は否定され，人々はすっかり幻滅してしまうのである。

自由放任（仏 laissez-faire）政策を是とするが故，しかるべき経済政策をとっていなかったH.C.フーバー［共和党］大統領（任期1929年3月-1933年3月）は，1920年代，バブル景気を煽る側にいた。「暗黒の木曜日」の後もそのフーバーは「株価大暴落の失業率悪化への影響は二ヶ月以内には収まるだろう」，「回復は早い」等と言い，国民の悲観を打ち消そうとする。しかし，フーバーの措置では「需要不足による不況の大嵐はやまず，やがて高関税による保護貿易政策を取り，世界経済を更なる混乱に陥れた」（日本経済新聞2020年7月20日一面記事「春秋」）。そしてフーバー退任後，投資家保護を目指したルーズベルト［民主党］政権（任期1933年3月-1945年4月）は，失業者救済策をその主眼にした「テネシー川流域開発公社」（Tennessee Valley Authority, TVA）事業等，大胆な「新しい経済復興政策」（New Deal）に着手し始める。

Ⅳ ■ 1929年経済大恐慌前後
——リプリーさらにバーリ＝ミーンズと証券二法

　1920年代にバーリ＝ミーンズは，産業界においては寡占と集中が急速に進む状況に気づいて独自に調査を開始した。彼らは「1930年1月時点でその結果は，全米の株式会社の0.07％にも足らぬ数の極く少数の会社200社が，全株式会社の約半分の富を支配しており，しかも集中はこれまでより急速に進展している」（三戸, 1966, 14）と指摘した。

　先述したリプリーの書（1927）[19] の再版刊行に際し，後年，カリフォルニア大学（UCB）教授モーリス・ムーニッツが次を伝えている。「1926年11月，会計士界のリーダーだったG.O.メイは自らがシニア・パートナーを務めていたプライス・ウォーターハウス（PW）会計事務所を辞職した。彼は，あたかも自分が立派な政治家になったかのように見事な講演をこなし，公的セクター部門に深く関わる活動を開始した」。「そのメイ率いる米国会計士協会（AIA）は，実利的な振る舞いをするメイのリーダーシップの下でいよいよ，ニューヨーク証券取引所（NYSE）との関係を構築するに至る」（Ripley, 1972, viii-xi, 抄訳）と。

　所有と経営の分離が企業を大きくし，企業の社会的責任について人々に気付かせ，投資家に対しての情報開示の必要性を認識させる。1920年代半ば以降，しかるべき変化を後押ししたのはリプリーだった。そしてその変化を新たなビジネスチャンスに見出したのは，会計士業界の偉大なるリーダー，G.O.メイ［G.O. May, 1875-1961］[20] だった。

　リプリーは『アトランティック・マンスリー』（*The Atlantic Monthly*）誌1926年9月号[21] で当時の経営者らが手を染めていた会計操作の実態を批判した。他方でメイは同1926年9月22日の米国会計士協会（AIA）主催の晩餐会で，「株主たる者は自らが関心を寄せる企業に関わる合理的に全ての情報を受け取る権利があると主張するリプリーの所論には異論を差し挟めない」と発言する。そしてメイ自身いよいよ，あえてリプリーの批判をテコの如く

利用し，「私は，監査人が立場をもっとはっきりさせ，ヨリ大きな責任を担うべき時機が来たと考えている」との旨，宣言するのである。

　G.O.メイはリプリーの資料にあった誤り[22]を指摘したものの，しかしリプリーの問題意識を否定することはなかった。代わりにメイは，公認会計士が，経営者に対する奉仕者の如き立場から脱し，パブリックへの責任を果すよう諭した。メイは，財務開示拡大の機運を好機と見て，公認会計士が新しい役割を担うようプロフェッション界を鼓舞したのである。

　ところでメイに率いられた米国会計士協会（AIA）が 1930 年になりニューヨーク証券取引所（NYSE）と協力し始めたその経緯[23]については Wolk and Tearney（1997, 57）の書もその事実を伝えている。そして NYSE の後押しを受けて AIA は 1932 年 9 月，「5 つの幅がある会計原則」すなわち「一般に認められた会計原則」（GAAP）の原型を提示するに至る。民間セクター主導での会計原則の制定はその歴史を以て始まったのである。

　後年に至りムーニッツは，財務諸表監査の制度化を果した証券二法の本質を次の如く言い表している。「実のところ，証券法規定の重要部分たるはリプリーさらにはバーリ＝ミーンズからの批判に晒された財務報告実務改善のための回答書である」（Moonitz, 1974, viii, 抄訳）と。ムーニッツは，ヴェブレンに続きリプリーまでが，「大企業は市民社会の最善の利益に反する状況を齎している」と憂えたこと，そして「パブリシティ（＝ディスクロージャー）こそが大企業の悪事をチェックして人々に利益を分け与える」と主張したその事実を伝えた。

　最後にムーニッツは次のことを述べている。「リプリーによって開かれた鉱脈に続いたのはバーリ＝ミーンズだった」。「彼らは所有と経営の分離の結末を見事に描き出した書『現代株式会社と私有財産』を著した」。「そしてその書の序言にてはバーリ＝ミーンズからリプリーへの学恩が記された」と。

V ■ 1925年ウルトラマーレス社事件の意味
——経営者に仕える会計士の限界

　歴史上の多くの不正を今に伝える Knapp は次を言う。「各々の不正事件の様相はむしろ監査の人間的な側面を示している」。「監査の失敗事例を省みた際に技術的側面にだけ災いされたケースを見ることは稀である」。「欠陥ある監査は二つの条件が揃った時に生じている。一つは監査を意図的にないがしろにする経営者の存在であり，いま一つは職務をやり遂げぬまま放棄する監査人の存在である」。「個々のケースを詳しく見てみれば，顧客からのプレッシャーと会計事務所間の競争，さらには時間的制約の故に監査人が困難な状況に置かれていることが判る」。そして「実際の失敗例には必ず何がしかの曖昧さや構造性の欠如がつきまとっている」（2006, xvii, 抄訳）と。

　以下，Knapp（2006, 411, 抄訳）を参考にしつつ「ウルトラマーレス」の事件名で知られる Fred Stern & Co. のケースを回顧しておく。当該事件こそは米国において上場企業監査が制度化される以前，世に広く悪質な監査が齎す害を知らしめた。

1925 年ウルトラマーレス社事件
(Ultramares Co. v. Touche et al.)

　1920 年代の産業界は「うなりを上げる 20 年代」と呼ばれる程の活況を呈していた。しかしその時代は詐欺師にも事欠かない時代だった。当時，市場を監視する行政組織は存在せずそれ故に不正が横行していた。むろん市民の多くは几帳面で誠実だった。しかし商取引に関しては 1920 年代まで何でもござれというような状況だった。このような中でひたすら自分達に都合よく考える企業例がニューヨークの資材会社 Fred Stern & Company だった。その会社は債権者 3 名から数十万ドルを横領した。

　Fred Stern 社社長による詐欺は Ultramares Co. の事件名で知られている。1924 年 3 月，社長スターンは債権買取業者ウルトラマーレス社から 10 万ドルを借り入れた。与信取引に際してウルトラマーレス社は監査済貸借対照表の提出を求めたが，スターン社はその数ヶ月前に（Touche, Niven, & Company）会計事務所から入手していた貸借対照表に対し提出されていた監査証明書（Certificate of Auditors）を示した。Touche らが代表を務めていた会計事務所は 1920 年からスターン社の監査を担当し，1923 年 12 月 31 日付の貸借対照表につき無限定意見を表明していた。社長スターンは同会計事務所から 32 通もの連番で発行された監査証明書を受領していた。

　貸借対照表を基にファクタリング会社たるウルトラマーレス社は早速 10 万ドルの貸付をした。ウルトラマーレス社からはその後も信用供与が為された。そしてスターン社はほぼ同時期に，もはや過年度資料となっていた同一の貸借対照表及び監査証明書を基にして別の金融機関 2 行から合わせて 30 万ドルの信用供与を得た。しかしその後 1925 年 1 月にスターン社は倒産してしまう。法廷証言によれば同社は 1923 年の年末，実際には債務不履行の状況にありながら 100 万ドルもの自己資金があるという虚偽の主張をしていた。同社の会計担当者ロンバーグは会計事務所に対し窮状を隠していた。その隠蔽方法はニセの売掛金と売上の記帳 70 万ドル相当額を含む不正に拠っていた。

　同社倒産後，債権者たるウルトラマーレス社は 16 万 5 千ドルの回収を狙い会計事務所に対し訴訟を起した。そこで問題となったことはウルトラマーレス社と監査証明書を供した（Touche）会計事務所の間に直接の契約関係がないことであった。1923 年 12 月の監査証明書それ自体は倒産したスターン社と会計事務所の 2 者間契約に基づき出されていたからである。

・・・

　本件では関連するエピソードも残されている。往時のトゥシュ会計事務所の創始者たる George Touche 卿は，第一次世界大戦中のロンドンで州の長官を務め，1917 年に国王キング 5 世からナイトの称号を受けていた。そしてトゥシュと事務所を合併させたスコットランド出身の J.B. Niven はその後，AIA の会長になる。

　しかしウルトラマーレス社事件にあっては，事件に直接関わらない彼ら筆頭パートナーさえも裁判所に出頭する事態になるのである。

本事件の結末は，何かと実用主義的な G.O. メイの思想にまで影響を与え
ていたニューヨーク州控訴審判事カルドーゾ（B. Cardozo）の判断とともに
記憶されている。カルドーゾは法廷にて以下を告げた。「不注意による過失
又は失敗，詐害行為の下で行われた横領，または偽造文書の発見を怠った場
合に会計士の過失責任が認められてしまうのなら，会計士は不確定の期間，
不確定の人々に不確定の金額を支払う責任に晒される。そうした条件下で実
施される監査人の業務たるはあまりに危険である」（O'Reilly et al., 1990; 訳書，
1993, 150）と。カルドーゾ判事は監査が制度化される以前の段階で，会計士
側の過失と認められるその余地を狭めたものの，しかしどうあれ，過失に因
り会計士が第三者に負う責任を不問にしたのである。
　ウルトラマーレス社事件の判決は「当事者関係にない第三者が通常過失
（ordinary negligence）に基づき会計士の責任を問うことはできない」と結論
づけた。その法廷判断は，1920 年代に入りパブリックに対する責任が問わ
れ始めていた会計士にとって最初の逃げ場，いわゆる安全港（safe harbor）
になる。
　事件当時の会計事務所の振る舞い方は，言わば経営者に対する奉仕の精神
そのものだった。安易に顧客の願いに応じて過去の監査証明の使い回しを許
していた会計事務所には過失があった。しかし財務諸表監査がまだ義務化さ
れていなかったその時代，それもさほど驚くことではなかった[24]。
　1925 年ウルトラマーレス社事件に影響を受けた判例解釈はその後も全米
各州で続く。そして 60 年あまりを経て「一つの興味深い展開が，イリノイ
州がウルトラマーレス社事件判例の解釈原則になる制定法を施行した 1987
年に起った」。「さらにアーカンソー州およびカンザス州も類似の法を定め
た」。「それらの州法下においては，第三者が監査報告書を信頼してしまう余
地を監査人が認識した上で，あらかじめ第三者との間で同意があったその事
実が立証されない限り，監査人は顧客以外に過失責任を負わない旨が定めら
れた」（O'Reilly et al., 1990; 訳書, 1993, 155-156）。そしてウルトラマーレス社事
件が提供した会計士にとっての逃げ場はその後も長らく業界を守り続ける。

時が経っても全米各地の裁判所は，あからさまな詐欺ではなく過失と認定され得る限り，会計士の対第三者責任の範囲を拡大しようとはしないのである。

●── 注

1　【いわゆる黄金時代の実像】Gilded age（「金メッキの時代」）という表現は，社会派経済学の創始者とされる T.B. ヴェブレン［1857-1929］のその時代に対する批判である。ヴェブレンの最初の著作『有閑階級の理論』（*The Theory of The Leisure Class*, 1899）では往時の大富豪らの生活様式が誇示的消費，誇示的余暇，金銭的競争といった言葉を用い表現されている。

2　【南北戦争後の立志伝中の経営者】例えば南北戦争に従軍した兄の事業を引き継ぎ，後にスタンダードオイル社を創業しシカゴ大学を創設した石油王ロックフェラー［J.D. Rockefeller, 1839-1937］。南北戦争当時リンカーンに請われ列車運行管理を担当し，その後 US スチール社を創業した鉄鋼王カーネギー［Andrew Carnegie, 1835-1919］が代表格だろう。

3　【1890 年代の米国─監査実務の興り】千代田（1998, 15）は「1893 年 6 月に始まった大恐慌により多くの鉄道会社が管財人の手中に陥る中で，職業会計士はこれらの会社の再建と新会社発足にあたって大いに利用される」と言う。さらに千代田は，「（1897 年 10 月 9 日号の Commercial & Financial Chronicle は）鉄道会社が独立監査人による会計監査を採用することはまさにファッションとなった」事実を伝える。さて，米国において監査が実務として最初に定着した 1890 年代は小説家ヘンリー・ジェイムズ曰く「巨大な金儲け建築物が，まったく恐ろしい程に，まったくロマンチックに，堂々と自己を主張している，恥知らずなまでに新しい」，いわゆる「摩天楼」が整った時代でもあった（志邨, 1969, 151）。

4　【19 世紀米国の監査書】O'Reilly et al.（11版, 1990; 訳書, 1993, 12）は 19 世紀中の監査書として，不正防止策に関する記述を含んだ H.J. Mettenheim の『監査人のガイド』（*Auditor's Guide*, 1869）と，さらに「帳簿以外からの証拠の収集」を手続として要請していた G.P. Greer の『勘定の科学』（*Science of Accounts*, 1882）を挙げている。

5　【鉄道業における所有と経営の分離】2019 年 6 月 21 日付け日本経済新聞 7 面「GAFA 規制 - 鉄道に解」で紹介されたラナ・フォルハー著の英ファイナンシャルタイムズ記事は，C.F. アダムズの『鉄道その起源と問題』（1878）の書につき，「鉄道を一般社会の人々にとって有用な存在にするのにいかに苦労し，その独占を維持しようとする一握りの実業家たちを協力させるに至ったか」を伝えていると評価し，そしてそのアダムズの著は「（鉄道産業の発展を振り返ると）法律や規制は存在しているが鉄道を所有し独占している人々による運営の仕方はうまく機能しているとはいえないのは今や明白だ」の旨を指摘していたと伝える。ところでアダムズはかつて鉄道会社の幹部だったが，その後，規制当局側に身を転じた様子である。どうあれ産業界では，所有と経営の分離に向けた動きが最初にアメリカの鉄道業で 1870 年代から始まったと推察される。

6　【所有と経営の分離と重工業へのシフト】「ビッグビジネスの勃興」の節題の下，クルースとギルバート（1972; 訳書, 1974, 212）は次を言う。「20 世紀の初頭，そして実際のところ 1890 年

代までに重工業はすでに事実上，確立していた。軽工業から重工業への変革の過程で，事業活動は一世代も遡らない頃のものとは全く違ったものになった」と。

7　【1907年の金融恐慌】"Panic of 1907" と呼ばれる恐慌の原因は1905年のJ.P.モルガンとドレスナー銀行とのコルレス契約の締結，さらには1906年制定のいわゆるアームストロング法によるアメリカからドイツへの資金移動であり，結果，イギリス系投信に回復しがたい損害を齎した。この恐慌はその後の連邦準備制度の立法事実になった。日本経済新聞論説フェロー芹川洋一（2019年1月7日朝刊オピニオン6面）は経済思想史の柴山桂太の見識として「1907年にはリーマンショックに似たような大恐慌があってそれが1914年の第一次世界大戦に」繋がったと指摘している。

8　【米国のビジネススクール】ブラックフォード＝カー（1986; 訳書, 1988, 278）は「ペンシルバニア大学は1881年にウォートンスクールを設立しそれが米国で最初のビジネススクールとなった」，「1920年代に大学でのビジネス教育が爆発的に普及した。1928年までには89もの大学が経営学科に67,000名の学生を受け入れた」の旨を伝える。

9　【1920-1922年にかけての不況】第一次世界大戦直後の不況は1920年の夏に始まって1922年初頭まで続いた。小森（1989, 25）曰く「1920年から翌21年にかけての短期の不況で市価が低落し，各社とも在庫品となり期末の在庫評価が問題となった」。ところで小森はそうした環境下において「アンダーセンは低価法をとるべきであると主張」したエピソードも伝えている。

10　【製造企業の合併や合同】千代田（2018, 43）は先行文献を参照しつつ「製造会社の株式を意味するIndustrialsという用語が使用されるのは1889年からであるが，それは1889年から1893年にかけての製造会社の合同と新たな株式会社の設立ゆえである」と指摘する。すなわち米国にては1890年前後と1920年代に企業合同や合併が頻発し，産業の巨大化が進行したとみることができる。

11　【メリノの研究方向性及びDRスコット評】メリノはスコット［DR Scott, 1887-1954］の主張に見られるステークホルダー・パースペクティブを重視して幅広い会計理論の枠組みを見出す可能性に着目した。その上でメリノは，社会派経済学者であるヴェブレンとの親交を背にした1931年スコットの『会計の文化的意義』（*The Cultural Significance of Accounts*）の第3章「市場統制の起こり」に注目する。ところでメリノは21世紀に至ってからも「バーリ＝ミーンズの研究成果及び関わりある法律学的な文献は，目下の世界的な基準設定の論争に関わりなおも会計研究界に肥沃な議論の場を提供している」（2013, 1803, 抄訳）と言う。

12　【制度派経済学，制度派経営学ないしは新制度主義】制度派経済学あるいは制度派経営学もしくは新制度主義（new institutionalism）等と称される学問分野はT.B.ヴェブレン［Veblen, 1857-1929］を創始者とする社会学の流れを汲む経済学のうち，特に企業経営を主な対象にしている研究を指す。ところで近年公表された成果にあってもメリノは，20世紀の会計学の発展プロセスは悉く「企業組織体についての解釈の変化」（2013, 1797, 抄訳）に影響されたと指摘している。

13　【会計史家と経営史家の見解の一致】会計史家メリノの関心の矛先は往時，「企業は社会的公器として新しいステークホルダー理論を必要としていた」（三戸, 1966, 13）と指摘する本邦の経営史家の見立てにも合致している。

14　【投資家保護と議決権の多寡との関係】日本経済新聞記事（2019年9月19日夕刊5面「十字路」株主平等原則をめぐる100年論争）にては米国の株主平等原則につき以下，記されている。

「1900 年代初頭に鉄道会社などが無議決権株で資金を調達した。1929 年の株価暴落では経営者の横暴が問題になり，投資家保護の観点から一株一議決権が義務づけられた。株主平等原則は絶対的な真理ではない。米国では約 100 年にわたりその時々の経済情勢の変化に応じて是非を巡る論争が繰り返されてきた」と。

15　【1929 年大恐慌以前の投機的経済】1920 年から 21 年にかけての不況から脱した米国の株式市場は 1924 年の中頃から投機的資金の流入を伴って長期上昇トレンドに入った。個人投資家も信用取引により容易にレバレッジ投資ができるようになった。ダウ平均株価は 1924 年から 1929 年の 5 年間でおよそ 5 倍に高騰している。

16　【リプリーが観る 1920 年不況】Ripley（1926; 1927; reissued, 1972, xiv）にては第一次世界大戦直後の 1920 年不況の後に株式保有の分散が一般化したものの，しかし大企業にあってはガバナンスが利いていなかった状況が次の如く記されている。"But most persistent and striking of all has been the tendency, since the depression of 1920, toward the transformation of hitherto purely personal businesses, closely owned, into very widely held and loosely governed public enterprises." ところで Ripley 書の題名に関しては各々，Wall Street が金融市場を，そして Main Street が実態経済を意味している。要するにその書名は 1920 年代のバブル経済に対する批判をも込めてつけられたのである。

17　【奉仕者としての公認会計士】1934 年に監査が制度化されるその前の時期，会計士が経営者に対し奉仕の意識を持っていたと解される逸話は多くある。例えばアーサー・アンダーセンは 1924 年に米国原価計算士協会で演説し，「会計はそれ自体が目的ではない。そしてまた公認会計士が一日も早くもっと広く大きな視野を持つことができれば，プロの基盤を持ったサービスをより早く確立することができる」と述べていた。

18　【アーサー・アンダーセンの育ち】A.E. アンダーセンは 1882 年にノルウェーから移民してきた両親の下 1885 年 5 月イリノイにて 8 人兄弟の 4 番目に生まれた。アンダーセンは 11 歳の時に母を，続けて 16 歳の時に父を亡くし，貧しく苦労の多い少年時代を過ごしたのである（参考文献には小森，1989, 22）。

19　【リプリーの研究】1890 年に MIT で学士号を得，その後 1893 年にコロンビア大学で博士号を得たリプリーは往時に観察された株式会社形態に関し以下，五冊の書を著した。*Trusts, Pools, and Corporations*（1905），*Railway Problems*（1907），*Railroads: Rates and Regulations*（1912），*Railroads: Finance and Organization*（1914）そして Main Street and Wall Street（1927）である。リプリーは 1901 年にハーバード大学に政治経済学の教授として着任した。彼は自身のキャリア前期にては米国産業委員会（USIC）で鉄道業の専門家として勤務していた。

20　【G.O. メイのプラグマティズム】『会計学大辞典』（中央経済社，1978, 945-946, 青柳）はメイについて「メイの学風は法律家ホルムズ，カルドーゾの影響を受けて，プラグマティズム会計学の典型である」，「会計学の基礎に横たわる会計公準の仮説性をその有用性にてらして絶えず吟味し，投資家を中心とする社会的観点からヨリ有用な会計の在り方を目指す」，「政府の会計統制にも極力反対する」，「証券取引委員会とも密接な連絡をとり，助言を与え，会計制度が官僚統制によって窒息しないように尽力した」と記している。ムーニッツがその後伝えているよう，実用主義者メイはまさに「立派な政治家の如き活動家」であった。

21　【リプリーの発言が証券市況に影響を与えた例】千代田（1998, 29）は 1926 年 8 月 28 日の Commercial & Financial Chronicle を資料源泉として「火曜日の午前中，市況は GM の業績を反

映して買いがあった。しかしその日が終わらぬうちに売りが洪水の如く行われた。それは疑いなく連邦取引委員会が製造企業の会計に関与すべきだというリプリーの提案が原因である」の旨を記す。

22 【リプリーと G.O. メイ】千代田（1987, 49-50）はリプリーが大企業経営者を厳しく批判していた事実を伝えている。曰く「経営者の意のままの不可解な会計実践が行われていることをリプリーは会社名をあげて暴露し，しかもこれらの年次報告書には多くの場合，無限定の監査証明書が含まれていたことを指摘した」。他方で G.O. メイは，「リプリーのセンセーショナルな論及に対してはリプリーの不正確かつ不公平な点を指摘し（中略）アメリカの株主は英国の株主より一般には，適正な情報を得ている」と反論したとのことである。

23 【クロイゲル・アンド・トル社事件とその後】西田（1974, 40）は，1918 年から 1932 年の長きに亘り粉飾を続けたクロイゲル・アンド・トル社事件の発覚後，「NYSE における監査制度導入の契機となったのは（筆者注：G.O. メイを座長とする）AIA 株式取引所協力特別委員会と NYSE 株式上場委員会の協力関係であった」と言う。

24 【監査制度化以前のプロフェッション界の非倫理的慣行】ブラックフォード＝カーは「1932 年から 1934 年にかけて上院委員会が行った銀行業及び証券業の調査は（中略）この国の最も著名な銀行家や証券業者の間で行われていた非倫理的慣行を暴露した」（1986; 訳書, 1988, 300）と伝える。ところで SEC の初代委員長 J.P. ケネディは，自身が率いる SEC への期待を表し以下の言葉を残している。曰く「SEC は（中略）死体の上に座る検視官であるとは思っていない。それどころか，証券業という死体に新しい生命を吹きこむ手段であると考えている」と（1986; 訳書, 1988, 301）。

第 **2** 章

20世紀
——嵐とともに

Monologue

・・・

1930年代初頭，公認会計士監査のあり方に
関する議論は尽くされることなく，
上場企業に対する監査制度は見切り発車されたのである。

I ■ 法定監査制度導入前後の
　会計プロフェッション界と米国証券取引委員会

　1925年ウルトラマーレス社事件の顛末は会計士業界をかばう結果になった。他方で1934年強制監査制度導入の直接の契機は，長期に亘る不正にもかかわらず，プライス・ウォーターハウス（PW）会計事務所が不正に気づくことがなかったクロイゲル・アンド・トル社（Kreuger & Toll Co.）事件が齎らした[1]。

　そのようにウルトラマーレス社事件の後にはクロイゲル・アンド・トル社事件が続いたが，その後，さらなる衝撃となった事件はマケソン・ロビンス社事件だった。ところで往時のSEC委員マシューズ（G.C. Mathews）[2]曰くは，当該マケソン・ロビンス社事件が発覚する1938年頃に至っては，監査人がしっかり独立性を保持すべきという考え方が社会に根を下ろし始めていたようである。ルーズベルト［民主党］政権下，監査人はパブリックへの責任を認識し，他方で投資家は監査報告書の信頼性にまで関心を持ち始める。

　その後はマケソン・ロビンス社事件を教訓に，1939年10月，監査手続書（SAP）第1号「監査手続の拡張」が公表される[3]。同号の目的は同社事件の衝撃から会計士業界を立ち直らせることであり，その目的との関わりで監査実務上，売掛金残高確認と棚卸実査手続の実施が求められるようになる。

　他方ではその時期，上院議員ワグナー（R.F. Wagner）が全国労働関係法（National Labor Relations Act of 1935）[4]施行に動いていた。投資家保護のための監査手続書の刊行は，実のところ労働者保護目的の全国労働関係法の施行とタイミング的にも重なっている。そのようにF.D. ルーズベルトの長期政権下，1930年代後半に至っては多方面でパブリックの権利が重視されるようになるのである。

　さて往時のディスクロージャー政策の要諦に関して西田（1974, 44; 神崎, 1968, 44-45）は，「1933年3月のルーズベルト教書を契機に，証券取引に関し，買主注意せよ（caveat emptor）に加えて売主注意せよ（caveat veuclitor）

の警告が追加された」と記す。実際，1933 年法では「家畜の売買市場の慣行」を真似た「買主注意義務」だけが課されていたところ，1934 年法では証券取引の売買双方に注意義務[5]が課されることとなった。証券発行体に対しディスクロージャーを求めるという売主注意義務が新たに追加されたことにより，1929 年経済大恐慌のその年に逝去したヴェブレン，そして 1920 年代後半に至り開示不正の告発を始めたリプリー，さらにバーリとミーンズらの理念がようやく具現化される。

　経済大恐慌後の 1934 年に設置された証券取引委員会（SEC）は 1935 年 12 月，主任会計官（Chief Accountant）率いる新部局[6]を設置した。そして SEC はその新部局の責任者にブラウ（C.G. Blough）を任命した。ブラウは行政主導の形で各種基準を定めようとする案には反対していた。また J.P. ケネディの後，2 代目の SEC 委員長になったランディス（J.M. Landis）もまた，基準設定のための作業は会計士業界に委ねる方がよいと考えていた。当時，会計士業界と NYSE の両方に大きな影響を与えていた G.O. メイが規制に強く反対したこともあり，結局，SEC にても，会計士業界に様々な権限を与える方針が決まる。

　もちろん SEC 内に会計士業界を牽制し，あえて行政権限の方を強めようとする勢力がなかったわけではない[7]。しかし当時，結局は反対派を押し切り，SEC が「実質的で権威ある支持」（substantial authoritative support）を与えることを条件にして，会計士業界が自律的に各種基準を定める権限を持つこととなる。

　その後の SEC と会計プロフェッション界との関係性は，長きに亘る SEC 主任会計官在職中「会計士側の怠慢に関しほとんど何もしゃべらなかった[8]」アンドリュー・バー（A. Barr, 任期 1956-1972）が取り仕切った時代と，さらにその後ウォーターゲート事件を境に SEC が攻勢をかけ始める，主任会計官バートン（J.C. Burton, 任期 1972-1976）着任以降の時代とに分けて考えることができる。どうあれ SEC が会計プロフェッション界を批判することがなかったウォーターゲート事件発覚前，SEC と会計プロフェッション界は，

持ちつ持たれつの関係を享受していたのである[9]。

　そうした状況を背景にして経営者の誠実性を前提に置いたマウツ＝シャラフ（1961）の監査公準は，1970 年代初めまで，広く支持されていたのである。

Ⅱ ▪ 1960年代以降——会計不正の頻発と証券取引委員会

　会計士が奉仕者として経営者に跪いていた時代はやがて終わる。1934 年の監査制度化以降，時を挟み，会計士が経営者に疑いの目を向け始めるタイミングは 1972 年である。米国監査史の境界線は 1972 年 6 月 17 日に突如発覚し，1974 年にニクソン大統領が辞任に追い込まれたウォーターゲート事件（Watergate scandal）[10]により刻まれた。そして元 SEC 委員長コーエンの心情を察し，1972 年 4 月に主任会計官に就任したバートン[11]は，混乱を目の当たりに，SEC こそが改革を齎す刺激剤になると巷にアピールする。

　法律家マニュエル・コーエン［M.F. Cohen, 1912-1977］は，数多くの経営者不正の兆しがあった 1960 年代後半，第 15 代委員長として SEC を率いていた。しかしコーエンの任期中（1964-1969），エクイティ・ファンディング保険会社においては大規模な不正が隠され続けていた。さらに 1966 年にはコンチネンタル・ベンディング・マシン社事件が発覚し，共謀罪で 3 名の会計士が有罪となる。

　会計プロフェッション界に対する批判は SEC を巻き込むものとなる。連邦議会にてかかる状況は「アカウンティング・エスタブリッシュメント問題[12]」と称されて広く注目されるようになる。そして社会が抱いた疑いはその後の議会モス・メトカーフ両小委員会の原動力となる。

　特に上院メトカーフ小委員会報告書が斯界に与えた衝撃は，「AICPA 会長オルソン（W.E. Olson）が言うよう，パール・ハーバーの攻撃が米海軍に与えたのと同じようなダメージを会計士業界に与えた」（千代田, 1987, 190）と

語られる程，強烈だった。

　こうした状況を背景に，渦中のコーエンを筆頭にウェルズ（J.A. Wells）とデムラー（R.H. Demmler）を中心メンバーとして提出された『SEC 諮問委員会答申書』（SEC Report of the Advisory Committee on Enforcement Policies and Practices, June 1, 1972）では，メトカーフ小委員会の批判を受け止めて SEC の再構築を図ろうと，「SEC は 1972 年から 1977 年の 5 年間でスタッフ人数の倍増を目指す」と記された [13]。

　ところで SEC は，1973 年 12 月に至り，過去においては ASR 第 4 号が示していた方針，すなわち会計原則策定に関わる SEC と会計士業界の「共同決定体制」（細田, 1979, 103）を支持するため，ASR 第 150 号「会計原則と会計基準の策定及び改善に関わる政策」を公表した。それによれば「1933 年及び 34 年法に準拠させ SEC に出された財務諸表であっても，もしもそれらが実質的な権威ある支持を得た会計原則に拠るのでなければ，財務諸表は誤導されているか正確でないとみられる」と，再び主張されるようになった。そして当該 ASR 第 150 号により，1973 年 1 月に新設された財務会計基準審議会（FASB）の公式見解たるはすべからく SEC の実質的な権威ある支持 [14] を得たものという解釈が成りたつこととなる。

　他方で 1970 年代，会計士訴訟は増加の一途だった。「全米 16 大会計事務所が訴えられた事件は 1960 年代が 83 件であったのに対し，1970 年から 1974 年までの 5 年間に 183 件」（Palmrose, 1991, 150; 千代田, 2012, 18）にのぼった。そして ASR の刊行数については「それまで年平均 3 本の割合でリリースされていたが，バートンが主任会計官に在任した 1972 年 6 月から 1976 年の間には 66 本も出され，年平均 17 本へ激増した」。そして小森曰く「この中にはインフレ会計，リース会計や粉飾決算に伴う会計士処分等があり，SEC 在職中のバートン教授 [15] の活躍ぶりを如実に示している」（1989, 167）とのことである。

　しかし後述ハックフェルダー（Hochfelder）事件に対する 1976 年の最高裁審議の趨勢にも影響を受けて会計士訴訟の頻発はその後，沈静化に向かう。

そうした事実を合わせれば『SEC諮問委員会答申書』(1972) がSECスタッフ数の倍増を要求した1972年から1977年に至るまでの5年間を境界域に、現代監査規範の転換点が刻まれたことと結論づけられる。

Ⅲ ■ 1973年エクイティ・ファンディング社事件の衝撃と監査環境

1973年4月倒産のエクイティ・ファンディング保険会社のスキャンダルは、監査人の懐疑心欠如が社会で問題視されるようになる史上初のケースである。ところで同社事件については1976年9月リリースのASR第196号がその詳細を綴っている。

本事件についてはすでに拙著 (2017, 62-66) で解説したが、以下ここでSingleton et al. (2006, 234-236, 抄訳) と Brewster (2003; 訳書, 2004) の見識を省みておく。

1973年エクイティ・ファンディング社事件

現代のコンピュータ環境下で発覚した事実上最初の不正事件は1973年エクイティ・ファンディング・オブ・アメリカのスキャンダルである。同社の経営陣は1964年頃より、架空利益計上による株価操作を狙って不正に手を染めた。不正の方法はニセの保険証券を含むやり口だった。そのうちの一つの方法は監査に介入し不正発見を妨げようとするスキームだった。そしてもう一つの方法は受取勘定の確認に際しての悪しき手口だった。

監査人がそれらの勘定残高を確認する際、同社の電話交換手は外部に電話を繋げず偽装し、同社ビル内にいる従業員に応じさせた。同社内の多くの人々が不正の存在を知っていたが、それらの不正の事実は長らく隠蔽された。

事件が明るみに出たのは不満を溜めた元従業員が告発をしたからである。SECは1973年3月に同社の株式売買を停止させる。破産管財人に指名された (TR) 会計事務所がその後実施した検査は従来の規模と慣行を超えるものとなった。監査人は初めに、存在しないニセの保険証券の立証を試みた。その監査には2年かかった。結果的には20億ドル分ものニセの保険証券が見つかった。同社が主張する保険証券価値の3分の2相当がニセものだった。

　不正は広範に及んでいた。そのような不正は，本来はいち早く監査人と SEC により発見されるべきものだった。本事件に関しては SEC も懈怠を問われてしかるべきである。実際，SEC 職員の一人は同社崩壊の 15 ヶ月前に異常を摑みメモを残していた。しかし SEC は腰を上げず調査依頼を却下していたのである。

　ところでニセの保険証券には全て〈部門 99〉というコードが付いていた。監査人はコンピュータ処理プロセスをレビューせずコンピュータはブラック・ボックスとなってしまっていた。

Singleton et al.（2006, 234-236, 抄訳）

　監査人がちゃんとした仕事をしていないという印象を決定的にしたのがエクイティ・ファンディング社事件だった。同社が何千もの架空の生命保険契約書を捏造する中で（PMM）会計事務所は疑問点を記録していた。しかし当該会計事務所は結局，一度も限定意見付監査報告書を出さなかった。

　エクイティ・ファンディング社が崩壊して以来，会計プロフェッション界は自分達への監視が厳しくなったことを感じ取った。しかし，AICPA は，会計士の不正発見義務に関わり監査基準書の書き替えは不要とする見解を示した。不正発見に関して AICPA は，それまでの既存基準の適用で十分と結論づけたのである。そして，稀に監査により不正が暴かれることがあるにせよ，そもそも監査手続は不正発見を目的として行われるものではないと言い張ったのである。

Brewster（2003; 訳書, 2004, 215-216）

　1975 年 5 月，連邦地方裁判所は 3 名の公認会計士に対し懲役（3 ヶ月）を言い渡した。また，訴えられた複数の会計事務所のうちハスキンズ・アンド・セルズ，セイドマン・アンド・セイドマン，ウォルフソン・ワイナーその他 5 大会計事務所は総額で 4,400 万ドルもの賠償金を支払う。

　ところで 1960 年代始めのエクイティ・ファンディング社の創業当時，産業界にあってはコンピュータを用いて業務効率を改善する情報テクノロジー関連サービスが始まっていた。そしてその時代を牽引していた人物は 1928

年にアーサー・アンダーセン・シカゴ事務所に入所し，アンダーセン亡き後は同事務所を率いたレナード・スペイシク（L. Spacek）だった。

巷にては「大袈裟な物言いと際立った才気で鳴らしていた」と伝えられるアンダーセン会計事務所のニューリーダー，スペイシクは，情報コンサルティング黎明期の大物会計士だった。スペイシクが抱いたビジョンに関しブルースター（2003; 訳書, 2004, 147）は以下を伝えている。「ゼネラル・エレクトリックの営業所が給与システムの更新について力を借りたいと言ってきた時，スペイシクはそれこそが理想的なクライアントだと膝を叩いた」と。スペイシクはその積極性の故にいかにもアーサー・アンダーセンの再来と見られていたのである。

アンダーセン会計事務所が 1969 年に出版したスペイシクの講演録『パブリックに対する財務報告－適正性の追究』の書の中では彼自身，自信満々に，次のことを述べている。「企業と会計士間で効果的なコミュニケーションがはかられなければならない。他方で我々は情報利用者とも，効果的なコミュニケーションをとることができる。目指す目的を定義づけることにより，我々は会計責任に関わる基準さえ（自ら）確立できる」（1969, vi, 抄訳）と。

ところで当時の会計事務所は，コンピュータをブラック・ボックスの如く考えるコンピュータ周辺監査の実施にとどまっていた。他方でその時代，いわゆる IT 監査人の如き新手の専門家達は徐々にコンピュータを通した監査のニーズを認識し始めていた[16]。

振り返ればエクイティ・ファンディング社事件は情報テクノロジー・サービスの黎明期に起り，そしてその事件は監査人の懐疑心不足を炙り出した。さらにその事件は副産物としてコンピュータ処理過程監査（audit through the computer）の重要性を世の中に認識させることとなる。

Ⅳ ■ 監査における哲学的視点——懐疑心要請の登場

　1960 年代にかけて監査理論研究を進めた書はマウツ＝シャラフの『監査哲理』（*The Philosophy of Auditing*, 1961）だった。その書の共同執筆者ロバート・K・マウツとフセイン・A・シャラフは，恩師たるイリノイ大学（UIUC）教授 A.C. リトルトンに宛て，自著の中で次なる巻頭言を遺した。「本書をリトルトン教授に捧げる。控えめなリトルトン教授の想像を遥かに超えて教授の想像力と影響力とが彼方にまで届けられるだろう」と。マウツらの著書は，かねてより歴史的視点を重んじていたリトルトンの姿勢を継承し，懐疑心に関しては哲学的懐疑主義の源泉にまで言及する秀作に仕上がっていた。そして同書の巻末（1961, 298, FigureV.）においてマウツらは一つの同心円図を掲げ，それを用い，監査の抽象思考の核には数学と論理学，さらに形而上学があると見定めた。

　同心円図の外延にある監査領域に関してはそれらが（1）哲学的基礎，（2）公準，（3）概念，（4）規範，から構成され，その上に実務応用局面が見出された。そしてマウツらは，「監査証拠」（1961, 117）に絡めては史上初めて監査人懐疑心のあり方までを論じ始めるのである。

　さてマウツらにより，監査人の正当な注意水準を高める一方法として懐疑心概念が紹介された後，その旨の要請が最初に SEC 会計連続通牒（ASR）に表れた時期はコーエン委員会召集と同じ 1974 年である。また当該の 1974 年はウォーターゲート事件の結末となったニクソン辞任の年である。ウォーターゲート事件が齎した政界の激動を契機にして，1974 年 2 月の ASR 第 153 号により，SEC から公式に懐疑心要請が出された。すなわち行政機関により斯界で初めて監査人の懐疑心が要請された時点は 1974 年 2 月である。

　しかし懐疑心要請が業界から発信される監査基準書それ自体に装備されるまでには，なお，時間がかかる。実のところ AICPA が出す監査基準書上で懐疑たる語が現れるのは，ASR 第 153 号に遅れること実に 3 年，1977 年 1 月

のSAS第16号に至ってからである。

　監査人自身，懐疑心に欠く振舞いをしていたと非難されるような会計士訴訟の増加を懸念し，当時，会計プロフェッション界は監査基準書に懐疑心要請を収めることには躊躇していた。しかるに懐疑心要請が公文書に現れるタイミングは，SEC発の会計連続通牒（ASR）と，会計プロフェッション界発の監査基準書（SAS）との間で比べるなら，前者たるSECからのリリースのタイミングが常に先行していた。そしてその後はコーエン委員会報告書が，監査人の健全な懐疑心の必要性を世に知らしめる決め手になるのである。

　コーエン「監査人の責任」委員会は，「もしも経営者の誠実性について監査人が重大な疑問を抱いた場合には，その後直ちに策を講じる」ことを求めた。そして経営者の誠実性に疑いが生じた場合には「健全な懐疑心：経営者の行った全ての重要な説明について疑いを持ちその妥当性を確かめようとする心構え」を発揮するよう促す。すなわち監査人の中立的なマインドの保持を是とするコーエン委員会は，「健全な懐疑心」を厳格監査の徹底に向けたメタファーに用い，他方で「経営者の誠実性に疑問が生じた場合」を，実際の懐疑心発動のトリガーに見出したのである。

　結局，コーエン委員会によって，懐疑心たる哲学源泉のテーマが監査に関わる文脈にまで矮小化される。そしてそれは最早，哲学それ自体からは離れ，監査界では独自の論法を伴って語られるようになる。

V ■ 嵐の終わり
──ハックフェルダー事件と1976年最高裁判断の意味

　「被告が為した行いの犯罪性を挙証しようとするなら，単なる無謀さ（recklessness）を超えた詐意（scienter）の存在を立証しなければならない」と記す1976年ハックフェルダー事件に対する最高裁判決は，1925年ウルトラマーレス社事件に続き，会計プロフェッション界に逃げ場を供するものとなった。そして斯界を揺るがした嵐は係る1976年の判決（US Supreme Court Decision, 425, U.S.185）を契機に鎮まったものと見ることができる。それでは

以下，当該の最高裁判決を引き出した事件の概要を記す。

　Knapp（2006, 6th ed., 419-424, 抄訳）はハックフェルダー事件の名で知られる First Securities Company of Chicago のケースに関し以下を伝えている。本事件は訴訟額 100 万ドル程の小案件だった。しかし当該の判断はその後も大きな影響力を持つ。

1976 年結審 ハックフェルダー事件
（E&E v. Hochfelder et al., First Securities Co.）

　1921 年，当時 18 歳だった Ladislas Nay は意気軒昂なハンガリー移民としてアメリカの地を踏んだ。彼はほどなくシカゴに移り住み，小さな証券ブローカーに職を得て一心不乱に働いた。しかしネイはその後の大恐慌で大損をする。ネイのような若い証券ブローカーは最初に解雇された。その後，彼はファーストネームを米国風に Leston と変えて転職を続けたが，その間二度の結婚に失敗をしている。

　第二次世界大戦が勃発し大恐慌の影響が消えるとネイは Ryan & Nichols & Company たる証券ブローカー会社に正社員の地位を得た。その後ネイは僅か 2 年で社のトップに上り詰めた。そして同社発行済株式数の 9 割を保有する筆頭株主になる。

　ネイは 1945 年，同社の社名を First Securities Company of Chicago へと変えた。戦後 20 年間ネイの人生は絶好調だった。彼は名門シカゴ大学キャンパス近くの山の手ハイド・パークに移り住み，妻エリザベスとともに市の評議員等の要職を務め名士の座を得た。ネイはシカゴ大学の教職員に知己を得，大学関係者を多く顧客にした。

　顧客のニーズに細かく応えようとするネイの才覚は彼を尊敬できる人物として世に印象づけた。1968 年 12 月 13 日付シカゴ・デイリーニュース記事＜証券ブローカーはどうやって 100 万ドルの横領をしでかしたか＞は，ネイについて，「家族を大事にする英国の伝統に従った事務弁護士そのままのような人物」と伝えている。彼が提案した表向き保守的な投資戦略は特に富裕層の退職者から支持された。しかし彼は，公的な会社口座とは別に口座を設けていた。そしてエスクロー（Escrow, 停止条件付捺印証書）シンジケート口座

であると偽り，悪しき動機づけに気付かれぬようその口座で横領したのである。

　ネイに財産を託した投資家には世界的科学者フェルミの同僚の未亡人もいたが，その後の彼女の証言では，上記エスクロー口座に関わっては親しい友人に限った投資案件として勧誘されたとのことである。結局ネイと個人的親交があった友人ら名士17名がシンジケート口座に対し相当額の出資をした。

　1968年6月4日，ネイは腰の怪我により松葉杖を使っていた妻を自宅内で背後から射殺し，自分も寝室で銃を口に咥え自殺した。ネイによる殺人と，彼の自殺は，友人間に止まらず各界を震撼させた。特に，シカゴ警察がネイの遺書を公表してから騒ぎが大きくなった。遺書にはネイ自身が顧客の財産を30年以上横領し続けていた事実が書かれていた。ネイは金利相当額のみ，顧客に小切手を送り続けていたから長らく詐欺は隠し通せていた。ネイは遺書の中で，投資資産を全部なくしてしまった80歳になるモイヤー未亡人に対し詫びの言葉を書き記した。友人であり顧客でもあったシューレン氏が1967年に死亡し，彼の遺産管財人はネイに厳しく元本弁済を求めたが，それが直接の契機となりネイは自害した。妻を殺害した理由については，何も知らなかった妻が後になって非難されることを不憫に思い道連れに殺害したと判明している。

　ネイのエスクロー・シンジケートに加わった投資家は総額100万ドルを超える投資額に関わり集団訴訟を起した。当初，原告被害者団はネイの経営する証券会社が登録されていた米国南西部証券取引所（MSE）を訴え，そのMSEがネイの身元チェックを怠っていたと主張した。投資家はMSEに対し事前にしっかり審査していれば登録免許は下りず事件は起らなかったはずと主張した。法廷聴聞にてはしかしMSEの事前調査に問題はなかったとされ，原告らの主張は斥けられた。

　被害者相続人を含む17名の原告団は証券ブローカー会社たるFirst Securities Company of Chicagoをも訴えた。本事件がハックフェルダーらの事件と呼ばれているのは原告の一人オルガ・ハックフェルダー（Olga Hochfelder）の名前に因んでのことである。裁判所はネイのブローカー会社の存在が詐欺を可能にしていた事実を認めたが，しかし当該ブローカー会社の倒産後，原告団はまたしても行き詰る。

　最後に原告側は20年以上に亘りネイのブローカー会社を監査していた（アーンスト・アンド・アーンスト／E&E）会計事務所を訴えた。原告は監査法人の過失が故に事件の発覚が遅れたと主張した。原告側弁護士によれば

「社内でネイは自分以外には誰にも封書を開けさせず，たとえ会社名が宛先に
なっていても郵便物はいつも彼の机上に溜め込まれていた」とのことである。
ネイが自分で決めた社内郵便物取扱規定が事件の発覚を遅らせたのである。
原告団はもし会計事務所がそうしたルールを知っていたらすぐ調査が始めら
れていたはずと主張した。そしてしかるべき調査が為されていればネイの詐
欺にいち早く終止符を打っただろうと主張した。

　被害者原告団は 1934 年法の下で（E&E）会計事務所の責任追及を開始し
た。連邦法は関わる SEC 登録企業の民事訴訟に関連する規定を明らかにして
いなかった。しかしながら連邦裁判所は 1934 年法制定以来，不正な財務諸
表に関わっては 1934 年法違反を基に提訴が可能であることを確認した。実
際，関連訴訟の多くは 1934 年法ルール 10b-5 違反を訴因に見出していた。

　当該 First Securities のケースで原告は 1934 年法ルール 10b-5 違反で会計
事務所を訴えた。すなわち原告団は「もしも（E&E）会計事務所が適切に監
査を実施していたら社内郵便物取扱規定の問題点を看破し MSE も SEC もその
ことを知るに至ったはずだ。監査人は異常な手続を実施していた」（Ernst &
Ernst v. Hochfelder et al., 425 U.S.185（1976），190）と主張したのである。

　原告団が主張を通すためには社内郵便物取扱ルール自体が内部統制上の重
大な弱点にあたり，監査上それが由々しい問題であると判断される必要が
あった。

　本訴訟に関わり連邦地裁は当初すぐ，訴えを却下した。しかし後に逆転さ
れ審議が続いた。しかし結局は控訴審にて（E&E）会計事務所に対する過失
責任の追及は難しいとする判断が下される。

　事件はその後，最高裁の法廷でも争われた。会計事務所側はどうあれルー
ル 10b-5 違反を問うことはできないと主張した。1934 年法絡みの民事事件で
は同様の訴訟が数多くあった。法廷では長らく過失さらには重過失と詐欺防
止規定 10b-5 違反の解釈論が繰り広げられ，その後最高裁判所はようやく結
論を下す。

　ところで最高裁に対しては別途 SEC からも意見が寄せられていた。曰く，
連邦証券法の目的は信頼できる情報を投資家が得られるようにすることにあ
る。しかるに SEC は詐欺防止規定違反については投資家に有利に解釈される
べきと裁判所に建言した。しかし最高裁は SEC が投げかけるおよそ哲学的な
議論を拒み，代わりに 1934 年法ルール 10b-5 起案制定者が過失と不正とを
いかに視野に収めていたかを見定めようとした。裁判所は 1934 年法制定に
纏わる歴史までを振り返りルール 10b-5 の意味論を分析し始めたのである。

最高裁はルール10b-5違反を認定する上では「悪事に繋げ得る操作性」（employment of manipulative and deceptive devices）の有無が要だと考えた。最高裁はしかし，不正な財務諸表に関わる監査人の過失一般についてそれらは悪事に繋げられる操作性とまでは解されないと判断した。法廷は，「悪事に繋げられる操作性や人を騙す工夫がある」と認められる場合には，その前提として，相手を騙そうとする意図すなわち詐意（羅scienter）の存在が必要であるとするのである。そして最高裁は最終的に，「我々は過失法理の範囲を拡大することには全く同意できない」という結論を下す。

・・・

　1934年証券取引所法詐欺防止規定10b-5の要点は以下の如きものである。
　悪事に繋げられる操作性を伴い，人を騙せるような工夫の存在：州際取引で，直接的であれ間接的であれ何らかの手段を用い，郵便あるいは連邦証券取引所を以て行われる以下の事態は不法行為とみなされる。
a. 相手を騙すために何がしかの工夫，スキーム，術策を講じること。
b. 重要な事柄に関して不実の言明をするか，あるいは重要な事実を伝え<u>ない</u>こと。
c. 全ての証券売買に関わり人を欺くために行動したり取引をしたりすること。
　1934年法10b-5にては上記（a）と（c）が意味する詐意の実像は明らかである。しかるに単なる過失ではルール10b-5違反にならない。しかしここでは（b）が問題になる。当時SEC側は上記（b）を基に，単なる過失によってもルール10b-5違反を問えると判断していた。しかし最高裁はそれを却下した。最高裁判所は（a）及び（c）規定に順じ，「重要な事実を伝えない」（b）規定に関しても，詐意の有無を決め手として不正の有無が推測されなければならないと断じた。
　しかるに争いの焦点は結局ルール10b-5に関わる有罪基準の問題になる。全米幾つかの裁判所からは詐意たるはrecklessnessと同等という見解が伝えられた。もしも「不注意かつ無関心」あるいは「真実に対する不当な無視」を意味するrecklessnessあるいはreckless disregard for the truthが詐意と同等に扱われれば，被告側が明白な詐意を持たなくてもそれがあったものと推量して罪を問うことができる。しかるにその後は詐意の立証それ自体よりも容易なrecklessness水準を見定めて監査人を訴えるケースが相次ぐ。

・・・

　その後の顛末は以下の如くである。最高裁判断に対する監査改革派の反撃

は，単なる過失では詐欺防止規定違反を問えないというルールを根本から改めさせるものだった。そして議会下院は 1978 年後半，「SEC に届け出られた誤った財務諸表を判断の基礎に用い損失を被った投資家が，過失ある監査人を民事訴訟で訴えられるようにする法案」を提出した。

　しかしその後は一転，事態は結局，監査人側に有利に転じる。結局のところ連邦議会は最終的に当該法案を否決してしまうのである[17]。

　O'Reilly ら（1990; 訳書, 1993, 160）曰くは「当該ハックフェルダー事件の判決で明らかになったように，単なる通常過失（ordinary negligence）ではセクション 10（b）およびルール 10b-5 の下で会計士の対第三者責任を認容する根拠にならない」。従って，「1934 年法下における存在が予見されない第三者に対する監査人責任は，ハックフェルダー事件にあってさえ，1925 年ウルトラマーレス社事件で採用された判断と本質的に同じである」の旨，過失責任追及の際の判断の要諦が説明される。すなわち 1925 年ウルトラマーレス社事件以来供されていた会計士の逃げ場は，それから半世紀後の 1970 年代後半に至っても変わらず，会計士側を利するように，維持されたのである[18]。

　ところでニューヨーク市立大学バルーク校教授ブリロフ［A.J. Briloff, 1917 -2013］は 1966 年，監査人が非監査業務を兼業する事態の是非を検討する調査を実施していた。そのブリロフは早くから，非監査業務の受注が監査人の独立性に与える悪影響を危ぶんでいた。

　ブリロフの調査を頼みにエスタブリッシュ層を攻撃していた下院モス小委員会は，率直に，「ハックフェルダーの判決を覆す法律が必要」（千代田, 1987, 183）だと主張した。しかし最高裁は結局，過失認定を以て会計士を追い詰めることはできないと結論づけた。監査人の懐疑心の欠如が問われて始まった嵐は，そのようにして，1976 年のハックフェルダー事件に対する最高裁判断でその力を失う。

━━ 注

1　【法定監査制度導入の直接的契機－クロイゲル・アンド・トル社事件】西田（1974, 40）は岩田巌（1948『アメリカ財務監査』産業経理協会），山桝忠恕（1961『監査制度の展開』有斐閣），大矢知浩司（1966『会計監査発達史』中央経済社）らの論者がかねてよりその旨を主張してきたとの事実を記す。同様の記述は川北（2005, 4）にも見出せる。ところで千代田（1987, 51）は「1932 年 3 月 12 日，パリのアパートで自殺したクロイゲルの指揮する世界的なマッチ会社が倒産し，その後の調査によって 1918 年からの 14 年間の利益金合計 11 億 7,900 万クローナのうち架空利益が 10 億 2,900 万クローナを占め，4 億 3,200 万クローナを社長クロイゲルが横領していた」事実を伝えている。同社事件については拙稿（2019, 110-111）を参照いただきたい。

2　【SEC 委員 G.C. Mathews】久保田（1972, 36）は Mathews（1938）の文献を引用している。また小森（1989, 170）は，1937 年に Mathews がウィスコンシン州の CPA 協会で講演したその内容を伝えている。曰く「行政機関がすぐれているということが，会計士業から会計処理原則の作成権を取り上げる十分な理由にはならない」と。端的に言えば Mathews は，他の SEC 委員 J.N. Frank，及び J.W. Hanes とともに，SEC が自らの行政権限で各種原則を制定することに反対していた。

3　【SAP 第 1 号（1939）以前に AIA が関わっていた監査規範】コーエン委員会報告書はその脚注 3（AICPA, 1978; 訳書, 1990, 242）にて「1939 年以前にもアメリカ会計士協会は監査手続と監査報告書を説明した小冊子を発表していたものの，しかしそれらは監査だけを扱うものではなく，継続的な成果物にはなっていなかった」と説明している。

4　【パブリックと労働者の権利の重視－ワグナー法の影響】「最高裁判所は 1937 年に，ワグナー法の合憲性を審査する訴訟で，それまでの立場をものの見事に逆転させた。（中略）あらゆる手段を自由に駆使し労働組合運動に抵抗してきた経営者側は法廷においてワグナー法の無効を主張したが（中略）裁判官の大多数はワグナー法に賛成した」（ブラックフォード＝カー, 1986; 訳書, 1988, 313）様子である。

5　【1934 年法における売主注意義務と訴訟件数の増大】1934 年証券取引所法を基とした訴訟がその後増えて行く理由は，1934 年法が証券の売主と買主の双方を規制しようとするため，買主に対してのみ注意を求める 1933 年法よりも訴訟提起側にあっては訴因を見つけやすいからである。ところで渡辺（1979, 36）は Hawkins（1963, 253）を引用し，「多くの人は買い手による危険負担の原則が，馬の買い手と同様，証券の買い手にも適用されると考えた」その事実を伝えている。

6　【SEC 主任会計官局】主任会計官局（Office of Chief Accountant）の実態については小森（1989, 161）が詳しい。曰く（チーフ・アカウンタントは）「会計や監査に関する全事項の SEC 第一の助言者で（中略）全ての事件を調査し，SEC の業務規定 2（e）違反の会計士を行政処分する勧告も行う」。その主任会計官の公式見解は SEC から会計連続通牒（ASR）の形で発表される。

7　【いわゆる自主規制反対派】Wolk and Tearney（1997, 58）はしかし，C.G. ブラウに対抗する形で SEC が会計基準の設定を進めるよう求めていた SEC 委員 Robert E.Healy が，第 3 代 SEC 委員長 W.O. ダグラス（Douglas）とともに，会計プロフェッション界に自主規制権限を与えることに反対していたと伝えている。その経緯は細田（1979, 106）にも詳しい。

8　【SEC 主任会計官 A. バー】千代田（1987, 161）はそのように *Business Week* 誌 1972 年 4 月 8

日記事の批判を伝えている。往時 SEC の主任会計官であった Barr は 1959 年 11 月 11 日の講演で，いわゆる MAS 業務の受注によって監査人の独立性が失われる可能性について言及した。しかしながら Brewster（2003; 訳書, 2004, 191-192）は，（往時の主任会計官）「アンディ・バーは，本当は会計士業界とは和気藹々だったのですよ，1997 年から 2000 年までアーサー・レビットの下で主任会計官を務めたリン・ターナーは言っている」との指摘をしている。

9　【会計士の怠慢－その時代】例えば戦後 1949 年から 20 年の間に刊行された監査手続書（SAP）は全部で 18 本に過ぎない。その中には「監査人が監査基準を守って監査を行えば全ての責任を果したことになる」の旨を主張する 1960 年 SAP 第 30 号が含まれており，その他の基準書も基本は実務手続色の強い刊のみである。ところで 1940 年代末より米国にては「マッカーシズム」に影響され，いわゆる赤狩り（red scare）の動きが社会に影を落とした。共産主義者の追放を目指していたその時代に公認会計士が懐疑心を持って経営者不正を暴く空気感は全くなかったことだろう。

10　【ウォーターゲート事件及び海外不正支払防止法】ウォーターゲート事件は 1972 年 6 月 17 日に発覚した。事件は大統領選挙期間中に起きた。ワシントン D.C. のウォーターゲート・ビル内の民主党全国委員会オフィスに忍び込んだ 5 人が逮捕されたが，ワシントン・ポスト紙の取材により逮捕者の中には CIA の工作員がいたことが判明した。ニクソンはその後再選を果したが，しかし事件工作にホワイトハウスが関わっていたことが後に判った。小森（1989, 171）は「ウォーターゲート事件が発覚し，司法省の調査過程でアメリカン・エアラインズ社が会社資金から 55,000 ドルを政治献金していることが判った」，「アメリカでは贈賄行為法（The Corrupt Practices Act）で会社や労働組合が政治献金をすることは禁じられていた。この司法省調査と並行して SEC は登録企業の連邦証券法違反を調べ始めた」，「1974 年春，SEC は全登録会社凡そ 9,000 社に対して疑問の残る海外政治支出等を自発的に開示するよう求めた。結果は 1977 年 3 月までに約 360 社が海外不正支出を報告した」という旨を伝えている。

11　【SEC 主任会計官 J.C. バートン】1972 年にバートンが SEC に着任する上では *Journal of Accountancy* 誌同年 1 月号にバートンが投稿した "Symposium on Ethics in Corporate Financial Reporting" によってその空気感が感じ取れることであろう。なお同稿については英国 Flint（1988, 179）もそれを参考文献にリストしている。

12　大石（2000, 150）は「（メトカーフ委員会報告書はアカウンティング・エスタブリッシュメントを）影響力を持つ八大会計事務所，一定の影響力のある公認会計士の職業諸団体ならびに企業ロビイング集団，それに SEC をはじめとするいくつかの連邦政府機関から成り立っていると定義した」そのくだりを紹介している。

13　【1970 年代 SEC の職員増員計画】しかし SEC の増員要求は結局，満たされなかった。小森（1989, 169）曰く「本諮問委員会の答申によればこの 5 年間で 100％（すなわち年率 20％）の増加が必要であったが，実際には 5 年間にわずか 32％しか増加させ得なかった。物価水準調整後の水準で SEC の予算額は 22％（年率 7％），1976 年から 1977 年にかけては 19％の増加しかしていない緊縮財政に起因している」とのことである。

14　【SEC の実質的な権威ある支持】いわゆる substantial authoritative support に関わり橋本（2009, 37）は「SEC は会計プロフェッションが設定した会計基準に規制当局の立場から実質的に権威ある支持を与えることに徹してきた。このようにプライベートセクター方式では一般的に，民間の設定主体が設定した会計基準に規制当局が実質的に権威ある支持を与えることによ

り規範性が付与される」と言う。

15　【SEC 主任会計官バートンの攻めの姿勢】千代田（1987, 161）曰く「バートンは 1972 年 4 月に
　　チーフ・アカウンタントに就任以来，1976 年 9 月にニューヨーク市の財政再建のためニュー
　　ヨーク市長代理（財政担当）に就任するまでの 4 年半，会計士業界にプレッシャーをかけ続け
　　た」。ところでペン・セントラル鉄道会社事件の惨禍に影響されたニューヨーク市の財政破綻に
　　ついては拙著（2017, 59-60）にて D.J. トランプの言説を紹介しているので参照されたい。

16　【コンピュータ導入による監査業務への影響】1960 年代まではコンピュータが監査に与える影
　　響を論じた書物は少ないもののしかし Mattessich（2008, 188）は Boutell（1965）を関わる文献
　　としてリストしている。

17　【第 95 回連邦議会−「嵐」の時代の終焉】ところで 1976 年下院モス小委員会報告書は結局，
　　1978 年 7 月に SEC から議会宛に提出された「会計プロフェッションと監視任務に関する報告書」
　　により見送りが決まり同年第 95 回議会で廃案となった。監査人の過失を以て 1934 年法ルール
　　10b-5 違反追及の可能性を探る動きも 1978 年の第 95 回議会を以て終焉する。さすれば 1978 年後
　　半が嵐の時代の終わりと見ることもできよう。

18　【会計士の第三者に対する過失責任】1968 年の Rusch Factors Inc.v.Levin 他の判例では，会計
　　士に対し「予見された第三者」への過失責任までが追及されていた。ところで 1965 年にはフィ
　　ラデルフィアの米国法律協会が『不法行為概論書』を改訂し，さらに 1968 年当時の日本国内事
　　例を言えば学生運動がピークを迎え，その時代，世界中で左派勢力が勢いを得ていたことは明
　　らかである（拙稿, 2019, 115）。しかしそうした勢いは長く続かない。結局，監査改革のムード
　　はハックフェルダーのケースに対する最高裁判断によっても沈静化するのである。

第 **3** 章

1978年 コーエン
「監査人の責任」
委員会報告書について

Monologue

∎ ∎ ∎

懐疑心に立脚する現代監査規範の原器は
コーエン委員会報告書にこそ見出される。

Ⅰ ■監査人の責任委員会——期待ギャップの克服に向けて

（1）監査人の責任委員会発足とその意義

　1970年代初めにAICPAは「これまでに経験したことのない危機と議会関係者寄りの圧力に立ち向かうため，学問と実務の両分野において意義ある3つの歴史的プロジェクトを企画し断行した」（1978; 鳥羽訳, 1990, 353）。

　その動機づけの下でAICPAが組織したプロジェクト委員会は以下の3委員会である。

- 1971年AICPA「会計原則の設定に関する研究プロジェクト」[1]
  （通称ホィート委員会。委員長は元SECチェアのF.M. Wheat）
- 1971年AICPA「財務諸表の目的に関する研究プロジェクト」[2]
  （通称トゥルーブラッド委員会。委員長はトゥシュ・ロスのR.M. Trueblood）
- 1974年AICPA「監査人の役割と監査人の責任に関する研究プロジェクト」
  （通称コーエン委員会。委員長は元SEC委員長のM.F. Cohen）

　これら3大プロジェクトの中でもコーエン委員会こそは正に異色である。コーエン委員会は1934年の上場監査制度化以来，未だ手がつけられていなかった監査人の責任範囲を見定めるという使命を担った。さらにコーエン委員会は，上記他の委員会からその編成が遅れること3年，ウォーターゲート事件発覚後に活動を開始している点で，他の二委員会とは質的にも異なるものとなった。その結果，当初のAICPAの目論みから離れ，コーエン委員会は一途に会計士業界を客観視するものとなるのである。以下，コーエン委員会についての詳説に入ろう（括弧内の数字は原書（AICPA, 1978）の記載頁を示す）。

　コーエン率いる「監査人の責任」委員会（The Commission on Auditors'
Responsibilities）は「コーエン委員会」たる呼称で知られている。同委員会
は多様なバックグラウンドを持つ委員から構成された。

　「委員長はウィルマー・カトラー・アンド・ピカリング（Wilmer, Cutler &
Pickering）法律事務所のパートナーで第15代SEC委員長（任期1964-1969）
を務めたコーエンに決まった」。「他のメンバーにはホルムズ（W.S. Holmes,
Jr.），ノービー（W.C. Norby），ストリンガー（K.W. Stringer），ベンテン（J.J.
Van Benten）さらに元APB議長かつAICPA会長であるレイトン（LeRoy
Layton）がいた」。「委員会を支える20名程の人々の経歴は多彩である」。「前
テキサス大学教授カーマイケル（D.R. Carmicael）は研究部長職を担い，同委
員会を率いた」。「さらに研究リソースの提供者にはイリノイ大学（UIUC）の
ジーグラー（R. Ziegler）とマウツ（R.K. Mautz）が含まれた」。「関連史実の検
証はニューヨーク大学のメリノ（B.D. Merino）が担当した」（xv）。

　コーエン委員会の性格を理解する上ではまず初めにその委員会の独立性に
注目しておくべきである。委員会報告書曰く，「AICPAは本委員会を独立し
たスタディ・グループであると認めた」。「委員会はその活動範囲を定める上
ではAICPAに干渉されない自由裁量を持っていた」（xv）。「実際，委員は誰
もAICPAから報酬を受け取っていない」。「委員は皆，自らの生計を本務収
入に頼って活動していた」。「AICPAから同委員会に対して与えられる経済
的な便益は，会場供与とスタッフへの交通費支給と印刷費とに限られた」[3]
（xiv）。

　1974年11月以来66回の準備会合を経た1977年3月[4]，同委員会から中間
報告書が公表された。しかし委員長コーエンはその年1977年6月16日に急
逝してしまう。コーエン逝去直後の6月21日から2日間，ワシントンD.C.で
はパブリックを交えて中間報告目的の会合が持たれた。コーエン没後は，そ
れまで委員長代理を務めていたニューヨーク大学のL.J.セイドラーが委員長
職を継ぎ，都合123回の会合を経た1978年，最終報告書たる『監査人の責任
委員会報告書−報告，結論，および勧告』（The Commission on Auditors'

Responsibilities: Report, Conclusions, and Recommendations）が AICPA より刊行される。

全11章立て報告書の第4章「不正の発見に対する責任の明確化」では監査人が不正発見責任を担うことが明記された。同委員会曰く「我々は，1977年1月の SAS 第16号公表前には結論を出していた」。「SAS 第16号と我々コーエン委員会の立ち位置が大きく違うとは言えない」。「しかし監査人の責任すなわち不正の発見[5]に関し我々はヨリ積極的である」。そのようにコーエン委員会は，監査人責任なかんずく不正発見責任を見極める上では AICPA 監査基準審議会（ASB）に比べヨリ進歩していると自賛した。そうしてコーエン委員会報告書は「期待ギャップ」を認識しつつ監査人の不正発見責任を標榜した監査史上初の公式文書となった。

コーエン委員会は，当時ほぼ並行して活動していた下院モス・上院メトカーフ両小委員会[6]等，SEC と会計プロフェッション界の馴れ合いを問題視するその動向を大いに気に留めていた。他方では，エクイティ・ファンディング社事件の惨禍にもかかわらず，監査基準書の書き直しは不要と記していた1973年5月設置の同社事件調査委員会報告書の妥当性を訝っていた。

さらにコーエン委員会は，もっぱら会計士側の敗訴の回避だけを狙った監査実務（defensive audit）がされていたその時代に，「基準以下の監査」（substandard audit）たる悪しき実務の実態をヨリ直截的に「監査の失敗」（audit failure）という言葉に置き換え，批判したのである。

研究書の類と違い，コーエン委員会報告書は平易な言葉で編纂されていた。コーエン委員会はその勧告が多方面に届くことを願っていた。そのため同委員会報告書は，予め「平均的読者」たる考え方を措置して監査の知識に不足する読者層も勧告対象に見据えていた。

そしてコーエン委員会は，手厳しい要求を突きつける議会小委員会とは異なり，不正発見上はコストを意識しつつ実践可能な最適解を得ようとした。

さらにコーエン委員会は監査人の判断が野放図にその他の保証業務に及ばないよう勧告した。例えば監査人には企業継続性の評価にあたる力はないと

みて[7]，監査人がビジネスリスクに纏わる判断に関わるべきではないと言う。

　さらに監査人の任期の問題に関しては，いわゆるファーム・ローテーションを行えばコスト増が見込まれるだけでなく，監査リスク制御の上でも支障が生じるとしてそれに反対した。

　コーエン委員会は産業界と会計プロフェッション界との蜜月を懸念した下院モス・上院メトカーフ両小委員会[8]からは一定の距離を置いた。そうしたスタンスは，結果的に，AICPA の元会長レイトンを主要メンバーに含み同委員会を発足させた AICPA の意向に沿うものだった。しかし，自らの SEC 委員長任期中には大きな経営者不正事件を摘発できず怨嗟の念をひきずっていたコーエンの決意は強い。その結果，たとえ委員会の正式名称に AICPA の名を被せていようとも，打ち出された勧告に関わってコーエン委員会は客観性を貫こうとした様子である。

　しかし，コーエン委員会勧告のそれぞれの個所に目を遣れば，それらは均質の一枚岩の如きものではない。むしろ，各勧告の基礎となった，全 21 編の研究リソースの内容それぞれに影響され，結果は異質なモザイクを並べたかの如き不揃いを呈している。

　実際，例えばコーエン委員会は，不正発見や監査改革を言いながら，他方で会計事務所が経営指導業務（MAS）を兼業することを容認した。コーエン委員会曰く，「監査以外のサービスを提供することによって監査人の独立性が損なわれた事例はない」。「むしろ我々委員会の調査結果ではコンサルティング・サービスが監査機能をも改善し，情報利用者に便益を齎すことを示している」（AICPA, 1978, 102, 抄訳）とするのである。すなわち個々の論点に関わって同委員会報告書は，所々，意外にも保守的な面を示している。

　以下は，本書のテーマに絞りフォーカスした，同委員会報告書の筆者の意訳[9]と評価コメントである。

（2）「監査人の責任」委員会報告書の結論と勧告の要約（xi-xxxiv）

「財務諸表利用者の多くは監査の役割とその属性や中身について誤解している」。「我々は実際に期待ギャップが世に存在すると考えている」。「そうした期待ギャップを埋める努力は監査人側からすべきである」（xii）。

「本勧告の目的は，世の変化に会計プロフェッション界を適応させることにある」。「勧告する上で我々は意図してその内容を過度に具体的に表すことを避けた」。「公認会計士にとって最も重要な職能は監査である」（xiii）。「財務諸表利用者は被監査企業の規模と株主数に関わらず全ての監査で同一基準が適用されることを念頭にすべきである」。「しかしながら同一の基準適用下であっても，必要な監査手続が全て同一になることはない」。「為されるテストの種別はビジネスと保有資産の種別によって変化する」。「しかし多くの中小企業では人手に不足して内部統制の要諦たる職務の分掌さえ叶わない状況である」（xiv）。

そしてコーエン委員会は，特に不正発見責任について以下を言う。「財務諸表利用者の多くは監査の最重要目的が不正の発見にあると考えている」（xiv）。「しかしそうした単純明快な認識も薄れつつある」。「例えばSAS第16号の如き監査基準書は不正発見責任を限る傾向にある」。「我々は監査人の責任をヨリ積極的に捉えている」（xix）。「財務諸表利用者は監査人が不正と違法行為を知ることができる立場にあると考えており，それ故に不正が発見されるという期待を持っている」（xvii）。「監査は財務諸表が重要な不正に影響されていないことを合理的に保証するようデザインされてしかるべきである」。「監査人は不正発見の責任を負い，職業専門家としてのスキルと注意力を行使することにより通常は発見できる不正の発見に至るよう社会から期待されている」。「経営陣の誠実性について払拭できない疑念を抱いたら監査人は辞職するか，さもなければ他の行動を起すべきである」（xx）。「監査人が違法行為を発見し開示できるかについて情報利用者側の期待値たるや必ずしも明らかでない」。「目下のトレンドは投資家，債権者あるいは情報利用者に対して絶え間なく情報提供をする流れにある」（xxiii）。「財務情報利用者の

ニーズは一つの単独形式の情報保証に拠るのでは満たせない程までに広範で複雑である」。「しかし監査や四半期レビューその他の保証業務のバリエーション毎に提供される保証水準を定量評価することは困難である」。「監査とレビューの区別をはっきりさせることは難しい」。「そしてそうした事情さえ十分認識されているとは言えない」(xxiv)。

　以上で特に注目されるべきは「責任をヨリ積極的に捉えている」と「社会から期待されている」の脈絡である。プロフェッション界が躊躇する中で，同委員会は，パブリックからの期待を重く受けとめて監査人の責任範囲をあえて拡大解釈することを決断したのである。

II ■ 監査人の責任委員会報告書各章の展開

（1）第1章　社会における監査人の役割（1-12）

監査のニーズ（1）

　「外部監査が必要とされる理由は被監査経営者と情報利用者との間に固有かつ潜在的な相克があるからである」(5)。「財務諸表はパフォーマンス測定の手段の一つだが，経営者はその測定結果にバイアスをかけることがある」。「しかし経営者が誠実でないと短絡的に結論づけることは適切でない」。「監査人の態度は職業専門家の懐疑心の表れたるべきである」。「しかし監査人は最初から経営者が誠実だとも，一概にそうでないとも思い込んではいけない」(5, 脚注11)。

　経営者の誠実性を見極める上でコーエン委員会は中立性[10]の意義を語った。監査人マインドの中立性を求めている点はコーエン委員会勧告の最重要箇所の一つである。

監査の結末（6）

　「監査済財務諸表であってもそれは完全に正確なものたり得ない。その理由は，財務諸表が会計概念の曖昧さに影響されているからである」。「例えば

会計上の収益たるは健康あるいは幸福といった言葉と同様に曖昧な概念である」。「仮に完璧に正確な状況に近づけ得るにせよ，そのように努力することが監査契約の価格に釣り合うかは疑わしい」(7)。

　委員会報告書はリアルに財務諸表監査とその市場を捉えていた。本節にては監査業務の固有の限界が認識された。

拘束条件としての会計的な枠組み(7)

　「例えばFASBによる試験研究費即時費用化の要求は，会計測定結果をバイアスに晒さないようにするための試みである」(8)。「会計測定の堅固性は状況次第で変化し，監査に関わっては二面的効果を持つ」。「測定結果がハードであれば外部バイアスには晒され難い」。「しかし測定原理がその後，不確実な局面に向けた恣意性を含んだ解法となるならその結果は依然バイアスに晒される」。「十分ハードとは言えない測定結果にもかかわらず何がしかの解釈が監査人に要求される局面は，監査上の追加負担になる」(8)。

　本節でコーエン委員会は，会計情報の堅固性が担保されていない局面では監査人の意見表明が困難になり監査人の負担が大きくなると指摘した。

監査職能に関わりある関係者と監査人との関係性(8)

　「説明責任の解除に関わり監査人はある種の仲介者として財務諸表作成者と利用者の双方から独立していなければならない」。

　そして本節では，監査品質の保持に関わっては独立性が最重要要件であると記された。

経営者と監査人との関係性(8)

　「被監査経営者と監査人との関係性はとても複雑なものである」。「そもそも監査のニーズは経営者と財務諸表利用者間の固有かつ潜在的な相克関係から生じる」。「監査人は経営者の代弁者になっても敵対者になってもいけない」。「監査人が経営者と忌憚なく建設的に話せる関係になることが大切であ

る」。「しかし監査人は職業専門家としての懐疑心を併せ持ち監査契約を交わさなければならない」(10)。「監査人は経営者が不誠実とばかり思い込んではならない」。「そうした前提で監査が進められると監査コストは現状の何倍にも増えてしまう。社会はそうしたコストを担いきれない」。「そんなことをしていたら増大する監査コストは正当化され得ない社会的投資になる」。

　そして，こと虚偽表示に関してコーエン委員会は「悪意に基づく行為とそうとも言えない行為の両方がある」，「あからさまな虚偽表示もあるにはある」，「しかし実際には，会計測定上のグレーゾーンを利用した虚偽表示の方が多い」と分析する。

　本節にてコーエン委員会は懐疑心を重んじている。しかし委員会報告書は，監査コストが増える懸念の故に，予め経営者が不誠実であると想定することを求めない。その点は後年のオマリー・パネル報告書（AICPA, 2000）他，21世紀に至る直近の監査規範が採用している，コストを省みない原則的懐疑（presumptive doubt）の要請とは大いに異なっている。

監査人と取締役会との関係性(11)

　「1890年代以前の米国では株式が分散保有される企業に対し実施されるような監査は稀だった」。しかしその後「所有と経営の分離が進んだが故に投資家保護が大事になった」。「そして20世紀に入り大きな変化が訪れた」。「20世紀に入ってからはかえって企業の説明責任がさほど言われなくなり，監査人が自分達は経営者のためのアドバイザーであると自認し始める」。そうして「20世紀初め，監査業務たるは経営者への奉仕業になってしまった」。

　バーバラ・メリノの歴史観を是とするコーエン委員会は，1929年株価大暴落前のバブル期，監査人は経営者の利益ばかりを重んじていたと見抜いたのである。

（2）第2章　財務諸表に対する意見形成（13-22）

財務諸表利用者の期待（13）

　「財務諸表は責任を持ち誠実に作成されなければならない」。「財務諸表たるは倫理観にも関わらせしめ適正なものでなければならない」。「しかし監査人でさえ適正性の程度を客観的に測ることはできない」。「そもそも適正性のニーズを言う人々のうち十分その定義を知り得る者はどれ程いるか」。「適正たる用語の輪郭は緩い。実際それは，情報開示量を意味することもあれば，経済的実質を重んじる姿勢を意味することもある」。「そもそも適正表示たる語は，逆説的な言い方をすれば財務諸表が完全には正確なもの足り得ない事実を意味している」（14）。「監査意見表明上の責任を明らかにする上で大切なことは会計原則の選択適用に関わる判断と意思決定に焦点をあてることである」。「かくして我々は，監査報告書から適正表示という語を抹消することを提案したい」[11]。

　本節では適正表示概念についてのコーエン委員会の呻吟が読みとれる。同委員会は適正性概念の曖昧さを憂えつつ監査報告に固有の限界を見出した。同委員会はコンチネンタル・ベンディング・マシン社事件に対する1969年控訴審判決の要諦，すなわち「適正性を担保する上で財務諸表のGAAP準拠性それ自体は十分条件にならない」，「監査人は経営者の誠実性を確認する義務を担い，その結果をも併せて適正性全体を考えるべき」とする考えに賛同した。同委員会はその上で，適正性概念の曖昧さを言うのである。

判断の重要性（16）

　「監査の全領域に判断が必要とされる局面が浸透している」。「例えば取引の形式と実質の違いについて，あるいは開示上の重要性と十分性との間の疑問を解消するためには判断が必要になる」。「さらに会計上の見積りに関しては将来事象を意識しているかどうかが要になる。とりわけ収入と支出の期間配分に関わる判断は不可欠である」。

　本節ではその局面における監査人の高度判断について言及された。

（3）第3章　財務諸表上の重要な未確定事項に関する監査報告（23-30）

　コーエン委員会報告書はSECが1970年に調査を開始し1973年に（ピート・マーウィック・ミッチェル／PMM）会計事務所が提訴されるに至ったターレイ・インダストリーズ社（Talley Industries Co.）事件を論じている。ところでターレイ社事件の原因は条件付（subject-to）監査意見表明の際の検証に不足し，監査人が経営者の言明を鵜呑みにしていたが故だった。

　委員会報告書曰く「1975年の ASR 第173号[12] はターレイ社の財務諸表に対して出された条件付限定意見表明の事実を批判した」。「SECは財務諸表に付された脚注が未確定事項に関連する情報を十分与えていない旨を述べて批判した」[13]。そしてコーエン委員会は ASR 第173号が懸念していた監査人の懐疑心不足を問題視した。

（4）第4章　不正発見に向けての責任の明確化（31-40）

　本章には不正発見責任に関わりコーエン委員会のスタンスを決定づけたカーマイケルの考え方が色濃く反映されている。

　コーエン委員会は，エクイティ・ファンディング社事件を契機とし，特に不正発見の局面に関わり期待ギャップがヨリ一層拡大したと見た。コーエン委員会曰くは「監査人の責任を考えてみるに，会計不正の発見ほど大切だがしかし困難なことはない。監査人が発見できなかった過去10年間の大きな会計不正の故に，その後，監査職能に対してはネガティブな関心が寄せられるようになった」(31)。コーエン委員会はそうした状況を真摯に受け止め，期待ギャップの拡大を防ぐ方法を模索したのである。

　ところでコーエン委員会は，1939年に監査手続書（SAP）の刊行が開始される前までは事実上ロバート・モントゴメリー［R.H. Montgomery, 1872-1953］執筆による監査テキストが斯界唯一の権威書だったと指摘する (34)。そしてモントゴメリー自身の手になるテキストの1912年版[14]，1916年版，1923年版それぞれにて，当時，「監査の目的は不正の発見と防止にあるとされていた[15]」事実が伝えられた。すなわちコーエン委員会は，モントゴメ

リー自らが著した監査書の第3版（1923）刊行時，つまり1920年代初めまでは，不正と誤謬の発見が監査の主目的だったと確認している。

　しかしモントゴメリー没後のレンハート（N.J. Lenhart）とデフリーズ（P.L. Defliese）執筆によるクーパース・アンド・ライブランド版『モントゴメリーの監査論』（第8版, 1957）は，実務効率を重んじ，不正の発見は監査人責任の範囲内にはないと記した。言い換えれば当該1957年の書は，被監査経営者を誠実な存在として予め前置し，経営者不正の発見義務を軽視していたのである。どうあれ，米国にあっては様々な腐敗が社会に根を下ろし，各方面にて不正が見過ごされていた1950年代には，監査人の懐疑心が標榜される隙間は全くなかった。

財務諸表利用者の期待（31）

　「監査人たるは予め不正の可能性を考慮すべきである。しかし関わる責任の性質や範囲ははっきりしていない」。「裁判所，報道機関，監督官庁さらには財務諸表利用者自身，監査人責任の範囲について現状解釈のままでよいと納得しているわけではない」。「我々が実施したヒアリング調査では監査人がヨリ一層大きな責任を担うよう期待されている」。「これまでSECは首尾一貫し，不正の発見が監査の主目的だと考えてきた」。「しかしエクイティ・ファンディング社事件調査委員会はあえて監査人責任を限定しようとしている」。「実際，1940年のASR第19号上，マケソン・ロビンス社事件に関わり為された不正発見責任への言及は，時を隔て，（TR）会計事務所への勧告が出された1974年ASR第153号上も繰り返された」。「不正発見の失敗は，社会が公認会計士に対して期待する注意標準が守られなかった証左になっている」（32）。

　上記につき，コーエン委員会はSECの見識に同調した。そして経営者不正の発見にこそ，パブリックの期待が向けられているその事が明記された。そのようにして，期待ギャップの認識に必要な考え方の枠組みが供されたのである。

不正たる概念と不正発見アプローチの進化 (32)

　本節にてコーエン委員会は不正を,「他者を欺き誤導する目的で仕組まれた意図的行為」と定義づけた。そして同委員会は経営環境に見出せる不正は他の一般的に言う不正とは異なっており,特定の意味を持っていると指摘した。

監査人視点から見る不正 (32)

　「経営者不正と現金の略取を目的にした従業員不正とは全く異なる」。「経営者不正は直接的な財産の略取には結びつかない」。「経営者不正はいわゆるパフォーマンス不正であり,見かけの利益を膨らませるため欺瞞に基づく処理をし,資産や利益の減少を隠すために講じられる」。「会計原則の悪用や誤用と,経営者が施す随意会計処理との差は複雑かつ微妙なものである。実際それらの違いは訴訟の段にまで至って初めて判明する」。「そして判断の誤りや会計原則適用上のミスは,訴訟にあっては推定詐欺 (constructive fraud) の事実があっただろうことを示唆する」。

　コーエン委員会はこのように経営者不正の特性を見極め,それらを他の一般的な不正と識別した。

不正に対する監査人の関心の変遷 (33)

　英国『ディクシーの監査論』(L.R. Dicksee, 1898 年版) を米国に紹介したモントゴメリー曰く「不正発見への期待については既に 19 世紀末にロンドンで刊行されたディクシーの書で示されている」,「その書では監査の 3 つの目的が記された。すなわちそれらは不正発見,技術的エラーの発見,そして会計原則適用に関連するエラーの発見である」と。

　コーエン委員会は 19 世紀末,英国では不正の発見こそが監査の主目的だったという歴史的事実を確かめた。同委員会はしかし,20 世紀に入ってから米国では「徐々にそうした監査人の認識が薄れてしまった」と言う。

　事実ウォール街では 1920 年から 1921 年にかけて起った不況の収束後,

1929年10月24日に株価が大暴落し始める前まで，財務諸表開示に対する経営者の意識は浅かった。会計士は経営者への奉仕者あるいは助言者として振舞い，経営者不正の発見については意識されていなかった。そしてその後時を隔てた1950年代にても，不正発見を目的にした監査基準書の整備は何もされなかった。

コーエン委員会は，モントゴメリー没後に刊行されたクーパース・アンド・ライブランド会計事務所編の書の1957年版に至り，「不正発見の姿勢が後退してしまった」(34) とはっきり指摘する。ところでその時代は，米ソ間の冷戦をも背景に米国内では，いわゆる「反共赤狩り」[16] の空気が社会を覆っていた。実際，第二次世界大戦後の1949年から1956年までの間に刊行された監査手続書（SAP）は僅かに4本にとどまっている。またそれらはいずれも，不正発見には全く関係のない手続書だった。

コーエン委員会曰く，しかしその後状況は一変し，「1960年代以降，不正発見に消極的な姿勢は受け容れられなくなった」。だがそのような状況下でも AICPA 発の1972年の SAS 第1号はなお，慎重な姿勢を示した。すなわち SAS 第1号のスタンスは，「一般的な監査業務遂行に際し，監査人は不正が存在するかもしれない可能性に気づくことがあろう」，「しかしながら財務諸表に対し意見表明をする通常の監査は，第一義的に，資産の横領やその他の不正を白日の下に晒すようデザインされてはいないし，かつそのようなものとして頼られてはならない」とする旧態姿勢の保持だった。

1960年代，米国では公民権運動が活発になり，長引くベトナム戦争（1955-1975）に対する疑問が生じ始め，また消費者主義のムーブメントもあって，経営者不正発見への社会的期待が高まる。しかし不正を発見できなかった「監査人の責任」追及は，1960年 SAP 第30号のみならず1972年 SAS 第1号によっても例外的な事態と考えられ続けていた。

現在の監査基準書による経営者不正発見実務の重点化 (36)

「不正発見に関わって目下 AICPA は基準の厳格化を考え始めている」。「例

えば1975年7月のSAS第6号では，利害関係者間取引への経営者の関与を
見抜くため重要な取引の詳細にまであたることが監査人に要請された」。
「1977年1月のSAS第16号では，経営者不正に関する監査人の留意事項に
つき漸く現実味のあるガイダンスが示された」。「しかし我々（コーエン委員
会）の報告書はさらに踏み込んでおり，その結果は監査人責任に関わる理に
かなった説明になっている」。

　本節では，往時の既存の監査基準書に比べてコーエン委員会報告書が長足
の進歩を遂げていると自負している。

不正発見に向けた監査人の責任に関わる提案（36）

　「たとえ不正の可能性があろうとも，財務諸表利用者は与えられた情報が
信用でき，経営陣が資産保全目的で内部統制を維持していると考えられる相
応の権利を持つ」。「財務諸表が重要な虚偽表示を含んでいないことに関し，
監査は合理的保証を与えるようデザインされる」。「財務諸表監査にあって監
査人は不正を防ぐため内部統制の十分性その他に関心を持ち，不正を発見す
る義務を有し，職業専門家としてのスキルと注意を以てすれば通常は看破で
きる不正の発見をするよう期待される」。

　さらに同委員会報告書は続ける。「正当な注意義務という概念は監査基準
の一部になっている。しかしそれは監査人のパフォーマンスを見極める上で
は幅のあるガイドに過ぎない」。「全ての不正を発見するよう監査人に期待さ
れてはならない」（37）。「監査人は，経営者が不誠実であると考える理由が
ない状況で共謀不正を発見することはできない」。「合理的なコストの範囲内
で監査をしようとする限り何事にも限界がある」。「社会は監査人に完全なパ
フォーマンスを求めてはいない」。「だからこそ監査人のパフォーマンスを評
価するため，職業専門家のスキルと注意に関わる基準が必要になる」と。

　本節にてコーエン委員会はしかし，監査人が全ての不正を発見することは
できないと言う。結論的に，コーエン委員会は，「不正発見にはそもそも限
界があるがしかし監査人は発見してしかるべき不正を発見すべきであり，監

査人はその意味で不正発見責任を負う」という，繊細かつ緻密なロジックを展開したのである。

不正発見のための注意義務基準に関して推奨されるべきこと（37）

「不正発見のための注意義務基準についてはその実質が大切である」。「重要な不正の発見のために注意を向けさせるべく監査人責任を強調する状況は，実は公認会計士の現実的な姿勢からかけ離れている」。

コーエン委員会は監査人が置かれている現状を悉く承知していた。同委員会はプロフェッション界の現実を見つつ，監査人に無条件に不正発見責任を課す難しさを承知していた。

有効性のある顧客調査プログラムの確立（38）

「新規監査契約と継続監査の両方で，顧客との関係性がチェックされるべきである」。「契約締結とその更新に際しては顧客，さらには見込顧客に対しての調査がされるべきである」。「実際の監査可能性の判断に際しては経営者の評判や高潔性が決定的に重要になる」。「監査人は高潔さに疑いが持たれる顧客とつきあう必要はない。そうした顧客との関係性は否定されるべきである」。

本節にてコーエン委員会報告書は「高潔性に事欠く監査難民の出現止むなし」の如く考えてその旨の勧告に及んでいるのである。

経営者の誠実性に重大な疑義が生じた場合に即座に採用されるべき方策（38）

「職業専門家としてのスキルと注意の行使に際しては健全な懐疑心すなわち経営者の行った重要な陳述についてまずその全体を疑い妥当性を確かめようとする心構えが必要になる」。「健全な懐疑心とは経営者の全ての重要な主張や陳述の妥当性について疑問を投げかけテストをしようとする気質である」。

　そして「監査人は経営者の高潔性や誠実性についてオープンな心持ちで監査を進めるべきである」。「監査人は経営者が誠実でないともあるいは経営者が無条件に高潔性を有し誠実であると考えてもならない」。「経営者が信頼できないと判断されることはすなわち妥当な監査にはならないと判断されたということである」。「不誠実で，頑固で，いつも何か新しいことに手を付けたがるような経営者は状況に応じ不正をして監査人がそれを発見できないようカバーする能力に長けているものである」。

　ところでコーエン委員会報告書は「不誠実な経営者が意を決し悪しき能力を発揮したら，一定の状況下，相当期間に亘り不正を犯しそれを隠蔽することが可能になる」と言う。それこそはエクイティ・ファンディング社の，会社ぐるみの不正を念頭にした記述であろう。

経営者不正の前触れとなる経済状況等を見逃さないこと (38)

　「監査計画とその遂行に関わり監査人は不正の予兆を示す異常な状況を検討すべきである」。「それらの異常の前触れは企業の利益獲得能力や弁済能力に関する誤情報の発信として現れる」。「SAS 第 16 号が記しているよう，苦境に置かれた企業は株価維持のため，自社にとって都合のよい利益情報を欲する」。

　本節では全般的な監査計画策定の段階から監査人が不正の前触れを摑むよう求められている。

内部統制の調査と評価を進めること (39)

　「監査人は内部統制の重大な弱点を監査委員会や取締役会，適切なレベルにある上位者に報告し，そうした弱点が除去されたかに関わりフォローアップ施策の有効性を見極めるべきである。そのような実務は，本委員会中間報告書刊行後 1977 年 8 月に出された SAS 第 20 号（§6）『内部会計等統制上の重要な欠点について要求される伝達』で要請された」。

　「しかしながら経営者不正を予防し発見するために内部統制が常に有効と

は言い切れない」。「SAS 第 1 号（320.34）が記しているよう，そもそも経営者自身が為す許可を前提にして取引を執行し記録する内部統制が構築されていること自体，有効性に欠く環境を齎すのである」。

コーエン委員会が経営者自身の承認手続を危険視している点は経営者の誠実性に対する懐疑心の表れである。同委員会報告書のこの記述を以て，性善説に立ち経営者の誠実性を考える時代は終わったと言えよう。

不正に関わる情報発信と不正摘発の方法（40）

「不正を示唆する状況と不正の遂行方法ははっきりしていない。それらは環境変化とともに変わる」。「慎重な監査人たるは不正の実行と隠蔽さらには不正発見方法に関わる最新知識を得ておく必要がある」。「さらに AICPA による率先の下，監査法人間で関わる知識を相互交換しておくべきである」。

以上の記述ではコーエン委員会が，AICPA のリーダーシップに期待しつつ会計事務所間のコミュニケーションとピアレビュー（peer review）のニーズを認識していたことが分かる。

個々の監査技法と手続実施の段階において見出され得る欠陥（40）

「外部者への残高確認は財務諸表金額の裏づけにとって必須である。しかし確認依頼を受ける側は明らかな確認書の誤りを無視して被監査経営者に協力することがある」。そしてそうした事態を未然に防ぐためにも「慣習的な監査テクニックに関わっては会計士とプロフェッション界が注意して新しい監査技法を生み出す努力をする必要がある」。

本節においては経営幹部らの共謀を見破るため，特に残高確認のために新技法が用いられることへの期待が記された。本勧告もまたエクイティ・ファンディング社事件他の不正スキームの省察から得られた教訓に基づいている。

不完全な監査業務の限界（40）

「顧客からの要望に応じ監査人は特別かつ限定的な保証業務を請け負う」。「監査手続は結果的に不正発見に辿りつく相互に関連したステップを包摂している」。「しかし限定的な保証業務の実施によって不正が発見される可能性はなおさら少ない」。「監査人と顧客はともに，完全な監査ではない何がしか他の保証契約の下では限界があると認識しておくべきである」。

「例えばエクイティ・ファンディング社に関わった再保険会社に雇われた監査人は限られた数の証券に対する部分特別検査を委嘱されていた。再保険会社は捏造された証券が看破されることを所望していた。しかし偽りの保険証券は見破られぬままその後も悪事が重ねられた」。

本節では監査に事足りぬ「レビュー業務」では不正発見が困難であると指摘されたのである。

（5）第5章　企業の説明責任と法（41-50）

本章に関しては 1977 年 3 月の中間報告書刊行後も 1978 年最終報告書に向けて修正[17]が施された。その理由は丁度その時期に海外不正支払防止法（FCPA）が成立したからである。

ところで本章においてコーエン委員会報告書はワシントン政治にまで言及している。曰く「ウォーターゲート・スキャンダルではかつてない程の疑問に値する企業行為が暴露された」。そしてその一つが「大統領再選を果すための非合法な寄付」（42）だった。

本章においてコーエン委員会はウォーターゲート事件を名指しし，さらにFCPA 法制定の経緯に触れた。コーエン委員会は，社会が政治的腐敗に気付いたことで同委員会の活動が先鋭化したことを暗に認めているのである。

パブリックの関心の広がり（41）

「議会小委員会及び SEC 等の機関は違法行為等の発見と報告に関し監査人がヨリ一層の責任を担うよう勧告し続けてきた」。「20 世紀に入ってターベ

ル（I.M. Tarbell）[18] やリプリー（W.Z. Ripley）[19] ら不正の摘発者達がパブリックに火をつけた。その後実際に企業に対する規制が開始されるのは，不況の元凶が企業の悪しき振舞いにあると批判するパブリックの支持を得る形で，F.D. ルーズベルト政権が誕生してからのことだった」。

　本節にはコーエン委員会を支えたバーバラ・メリノの歴史観がストレートに現れている。

社会の期待値の不明瞭さ（42）

　「違法行為の発見及び報告に関し，財務諸表利用者がいかなる期待を抱いているかは明らかでない」。「SECの委員らはこれまでの講演や論文で違法性が疑われる行為については監査人がSECに直接通報すべきと主張していた」。

　コーエン委員会はしかし，違法行為通報への社会的期待値は明らかでなく，その点で監査人責任を問うことは容易ではないと言う。

顧客の違法行為に関わる監査人責任の混乱（43）

　下院モス・上院メトカーフ両小委員会とは違い，コーエン委員会は公認会計士が経営者らの違法行為を外部通報することに慎重だった。その理由は同委員会がもっぱらラベル（W. Label, 1978）の研究成果に依拠していたためである。

　同委員会報告書曰く，「監査人は法律違反を発見するための特別な訓練を受けたわけでもなくまたその能力を身につけているわけでもない」。「違法行為を扱うSAS第17号『被監査会社の違法行為』では，外部通報の必要性の見極めは経営者自身がすることと記された」。「一般論を言えば監査人は違法行為通報のその義務を負っていない」。そしてコーエン委員会は結局，「違法行為を外部に通知するか否かの決定たるは経営者自身の専決事項である」，しかるに「監査人はかかる通知義務を負わない」（44）と結論づけたのである。

　ところでコーエン委員会は、「企業内の法律専門職と監査人は、経営者や内部監査人及び取締役会と協調し仕事を行わなければならない」と述べる。ここにあって「経営者らと協調し」と記された点で、コーエン委員会は意外にも、違法行為の通報を検討することに限っては経営者の誠実性を些かも疑っていないことが判る。コーエン委員会が求めている懐疑心との整合性からすれば、その点は同委員会報告書の建付け上の瑕疵とさえ感じられる。コーエン委員会報告書には不正発見の局面における先進性と、可能な限りは会計プロフェッション界を護ろうとする態度がともに見て取れるのである。

　後のオライリー版の『モントゴメリーの監査論』(O'Reilly et al., 第11版, 1990, 135) では、違法行為に関わり、監査人が発すべき警告に関し「裁判所によって監査人の警告義務は退けられた」、「裁判所はそのような警告が監査人と顧客との関係及び両者間の自由な情報交換に悪い影響を及ぼすという見解を示している」の旨が指摘された。裁判所の判断を含めて、往時、監査人が発する違法行為への警告や通報を是とする者は少なかったのである。

　ところでSAS第17号はそれから11年後、期待ギャップ監査基準書群中の一基準たる SAS 第54号 (1988) により改訂の運びとなる。そして新たに出されたその第54号は以下の規定を含むものとなった。すなわち「被監査企業の上級経営者及びその監査委員会以外の関係者への不正または違法行為に関する開示は、通常、それが監査人の責任とされることはなく、かつそれは監査人の倫理上及び法律上の守秘義務により禁止されている」。「しかしながら被監査会社以外への通告義務が生じる状況が四つある。それらは (a) 被監査会社が監査人を交替させる場合のSECへの開示報告。(b) 適切な質問を受け付けていた場合の後任監査人への開示。(c) 罰則付召喚状に応じる際の開示。及び (d) 補助金受給企業の監査に課されるコンプライアンス義務により生じる当該行政機関への開示」(O'Reilly et al., 1990; 訳書, 1993, 132, 修正) である。

　こうして1988年SAS第54号以降、パブリックの期待を反映し、ようやく

上記 (a) から (d) の限定事例への対応につき，SEC への直接通報の途がなんとか開かれるのである。

監査人責任に関わり推奨されるべきこと (46)

　「職業専門家としての技量と注意を行使すれば通常発見できる違法行為もしくはそれが疑われる行為について監査人はそれらを発見しなければならない」。「監査人が採り得る行動はただ一つである。監査人は企業内にてしかるべき権限を持つ者のレベルでそれらがどう考慮されているか調査すればよい」。

　コーエン委員会によって監査人による違法行為の発見とその通報とは別次元の事柄であると理解された。すなわちコーエン委員会は，違法行為の発見を求めたものの，直ちに通報までしなければならないとは言わなかったのである。そのように，同委員会によって監査人による違法行為の直接通報の途が開かれなかったがため，後年1980年代半ばに至り仕切り直しが必要とされたのである。

（6）第6章　監査人の役割の限界とその拡大（51-70）

監査範囲決定のための費用対効果分析 (52)

　「監査手続が拡張される範囲は，あくまで虚偽表示や情報の欠漏を見つけそれらを防止するコストがそれら虚偽表示や欠漏の発見を防ぐことができない事態により投資家が被る損失と同額になる時点までである」(53)。

　コーエン委員会は当初，費用対効果分析の応用研究を進める意志を持っていた。しかし同委員会は結局，上記の如き結論を導いたシェイクン (M.F. Shakun, 1978) の基礎研究に上乗せする新しい知見を得ることはなかった。

　そしてコーエン委員会は「例えば雇用機会均等法や独占禁止法の遵守といった事項に関し現状，監査人保証を信頼する人はほとんどいない」(57)。さらに「監査人が関与する情報は会計及び財務的性質を持つ情報に限定されるべきである」[20] と言うのである。

　コーエン委員会は，パブリックが会計士による広範な情報保証まで望むものではないと考え，保証領域の拡大を念頭に置かなかった。その点で同委員会は，会計プロフェッション界の業際拡大の願望に加勢することはなかったのである。

(7) 第7章　情報利用者と監査人との間のコミュニケーション (71-84)

　「最近の研究によれば標準監査報告書の文脈そのものが原因となり混乱に拍車がかかっていると判ってきた」。「アンケート調査ではGAAPに準拠し適正表示されているという文脈に関し誤解があることが明らかになった」(74)。

　本章にてコーエン委員会は，エプスタイン (M.J. Epstein, 1976) の成果を基に，財務諸表利用者が監査報告書の文言に慣れてしまうとそれを読まなくなる傾向にあると指摘した。またそれ故に「監査人は自分達が書いた監査報告書が読まれるよう努力する必要がある」と勧告した[21]。

　本勧告の内容は，いわゆる「主要な監査項目」(Key Audit Matters：KAM) の記述要請を含めて，監査報告書長文化の趨勢にある21世紀の今でも傾聴に値するだろう。

(8) 第8章　監査人の教育訓練及び能力開発 (85-92)

会計学者と実務者との間に見られる亀裂 (85)

　「1940年代[22]を通じて，大学と実務界との間には密接な関係性があった」[23]。「しかしながらその後そうした関係に亀裂が入り始める」。

　コーエン委員会が指摘するよう，20世紀半ばまで学会リーダーの多くは会計士としての実務経験を持っていた[24]。しかしその後は多くの研究者が実務から離れて理論研究に没頭するようになったと同委員会は指摘する。

　例えば，1970年代半ばに展開されていた先験的研究の動向について，コーエン委員会はそれをいかに見ていたのか。以下の節に同委員会の関心の的が示されている。

会計学者の良心が発揮されなかったこと (86)

「学者が果す役割の一つは良心に従って仕えることである」。「実務を批判する場合でも大学教授は顧客を失うことを恐れる必要がない」。「ところで狂乱の 1960 年代においては利益や株価をつりあげる手段として伝統的な会計概念が歪められる場合[25]があった」。「しかし実際ほとんどの大学教授は沈黙を守るだけだった」。「学会は不当な会計実践に対し指導力や批判を与えなかった」。「ほとんどの大学教授はいかなる批判もせずまた表立った関心を示そうともしなかった」。「創設期には率直な発言をする会員がいたことで知られていた学会が 1960 年代に至ってなぜ沈黙し始めたのか。本委員会にはその理由が分からない」。「しかしながら学会と実務界という二つの構成組織が疎遠になったことが会計学者が沈黙を続けた要因である」と。

コーエン委員会は研究者サイドの認識不足と良心の欠如を指摘した。会計学者が実務界から離れ[26]，実務上の経験値を軽んじて何も言わなくなったことが問題の根底にあるとみた。

MBA課程における会計教育の状況 (86)

「今日いわゆる MBA 教育が重みを増し，他方で 1960 年代に至ってから大学教員は実務に関係しない分野で自分達のキャリアに可能性を見出し始めた」。「過去，1930 年代にあっては主な関心が会計プロフェッションのあり方と財務会計[27]領域に対し向けられていた」。「しかしその後は研究者の関心が数的処理を重視する分野や管理会計に移ってしまった。その傾向は研究者が実際のビジネス経験を持たず学部からそのまま大学院へ進み学位を取得する傾向に影響されて拍車がかかった」。「会計研究者は公認会計士の免状を得ることをキャリアの前提にしなくなった。その一つの原因は，多くの州管轄下で公認会計士資格を得る前提は監査の経験要件を満たすことだからである」。「目下，研究者の多くは会計プロフェッションのキャリアに関心を向けていない」(87)。

コーエン委員会報告書にては以上の事情で研究者の関心が実務から離れて

いったと伝えられた。どうあれ公認会計士の資格経験を持つ研究者が育って
いないというのが委員会の観察結果であった。

会計学履修者にとっての大学院修了という選択肢の欠如（89）
　「MBA の学位を持つアカウンタントの中にも成功者はいる」。「しかし
MBA 課程では上級レベルの会計スキルが習得できないから MBA 人材は再
教育プログラムのない会計事務所では敬遠される」。「一般的には学部でリベ
ラルアーツを学び，その後専門の大学院教育を受けるような教育のルートが
よいと認識されている」。「しかしそれでは会計専攻者にとってキャリア選択
の時期が遅くなる」。「また，果してリベラルアーツを学ぶ者の目に会計専門
職業が魅力的に映るかどうかは定かでない」（90）。
　以上は，いわゆる MBA 人材と会計専門職人材間の融通の難しさを伝える
文脈である。会計事務所内での仕事内容を考えれば MBA 人材と会計プロ
フェッションの能力に開きがあるという委員会の指摘は納得されるだろう。

（9）第9章　監査人の独立性の維持（93-122）
　コーエン委員会はその事前調査の段階で，非監査業務の受注によって「監
査人の独立性が損なわれたと判断された事例，もしくはかかる業務の提供に
よって得られる利益に比べ監査人の独立性が脅かされる潜在的危険が大き過
ぎると判断された事例の提供を促した」。しかし，結果として「そうした要
請に応える程の具体的な調査結果は供されなかった」と言う。
　コーエン委員会曰く，被監査企業にあってはまず，「監査業務と非監査業
務の両方を同一の会計事務所に提供させることの得失を考慮すべきである」。
「会計事務所から非監査サービスの提供を受ける場合に，企業の取締役会は
現在の会計事務所と継続契約すべきかそれとも新規に別の会計事務所と契約
すべきかを熟慮し検討すべきである」。「経営指導業務の提供によって監査人
の独立性が侵害されているケースは存在し，また実際，独立性が侵害されて
しまっていると考える財務諸表利用者は少なくない」（102）。「どうあれ非監

査業務の同時提供が監査人の独立性にとって潜在的な脅威であることは事実だろう」。そして委員会報告書は特に「独立性が脅かされる危険ある分野として保険数理業務が考えられる」と指摘する。

　コーエン委員会の考えとしては「監査人が特定の非監査業務に従事しなければ，監査人の実質的または外観の独立性は高められる」。「会計事務所は非監査業務の受注と監査人の独立性毀損との間のトレードオフを十分考慮せぬまま非監査業務の範囲を拡げるべきではない」。しかしコーエン委員会が出した回答は，結局，監査人が経営指導業務にあたる可能性を認容するものだった。

　コーエン委員会は「監査人が企業結合に関する会計処理について助言しながら，他方で買収・合併交渉にまで関与した1968年のウェステック（Westec）[28]事件のように，会計事務所が監査と並行し，単なる助言を超える業務を供している場合には潜在的な相克状況が齎される」と述べつつ，しかしそのことで必ずしも「特定の非監査業務を禁止するという結論にはならない」と記したのである。

財務諸表監査の実施を政府機関に委ねることの是非（105）

　「監査人と経営者との関係を根本から変えるためには政府機関に監査人の承認と任命さらに報酬支払いをさせるか，もしくは政府機関自体に監査をさせる必要が生じる」。「しかしそうした考え方は証券二法の施行段階で却下された」。

　その箇所におけるコーエン委員会の見立ては同報告書（付録B）に付されているウィーゼン（J. Wiesen, 1978）の『証券諸法と独立監査人：議会は何を意図していたのか』に基づくものである。ウィーゼンのリサーチ結果は1930年代初めの公聴会にて監査人の役割が十分検討されていなかった歴史的事実を明らかにした[29]。SECは1934年のその設置当時，監査人が果す役割を見極めぬままその組織的活動を見切り発車させていたのである。

　導き出された結論に絡みコーエン委員会は，「政治目的を達成するため政

府によって会計情報が利用される事実を示していた」,「会計事務所の独立性に関しては幾つか問題もあろう」,「しかし政府の関与を強めることで問題が解決されるかどうかは定かではない」との旨を記す。

　委員会は結局,会計プロフェッション界に対する規制強化を認めなかったのである。同委員会は「監査人と経営者との関係を根本から変えることが必要,あるいは当然だとは考えていない」と言う。行政機関の介入に否定的だった点でコーエン委員会は,SEC がその活動を開始した 1930 年代初頭の議論や歴史的経緯を重視し,かつそうした点では会計プロフェッション界の所望に配慮したのである。

　米国史上,上場企業監査の実施が行政権限に委ねられることは一度もなかった。そして被監査側が監査人に対し直接報酬を支払う,いわゆるインセンティブの捩れが斯界の定めとなる。

監査報酬の支払関係（105）

　「誰が報酬を支払うのかという問題よりもむしろ,監査人の任命と交代に対してこそ関心が払われるべきである」。「監査人の選定と任命が取締役会の役目とされる限りは企業が報酬を支払う上で独立性の問題は生じない」。

　結果的に,そのように主張するコーエン委員会では,社外取締役を含んだ取締役会の有効性の確保こそが要と認識された。

監査委員会と取締役会（106）

　「今日,上場企業にあっては合理的割合で社外取締役をも参加させる監査委員会が設置されるべきである」。「実際 NYSE は 1976 年 12 月,上場もしくは上場継続のための前提条件として国内企業にあっては例外なく監査委員会を設置しなければならないという方針を採用した[30]」。「本委員会は,取締役会が社外取締役と監査委員会を積極的に活用できるようになる措置が,取締役会と監査人,そして監督官庁によって講じられるべきと考える」(206)。

　そうしたコーエン委員会からの勧告は時代を先取りして適切だった。しか

し当該の勧告は後述する「ニアリー委員会」によって疑問視されることになる。当時の産業界の本音ではコーエン委員会の先進性は歓迎されなかったのである。

監査人の交代に関する調査（107）

「SECは，財務諸表規則（レギュレーションS-X）の改訂を意図した1976年4月ASR第194号「前任監査人との非合意事項」に関わる報告にて，監査人の交代が生じる場合には前任監査人と被監査経営者間の意見の不一致を明らかにするよう要求」（108）した。それはその後現在にまで至るしかるべき実務手続になった。

監査人の定期的交代（108）

「新規監査契約と監査の失敗との関係を言えば，監査人の定期的交代はリスクを増やし結果的には受益者の利益を損なう事態になる」（109）。「もしも監査人の定期交代が強制されたらコストがかかり監査人と依頼人との関係維持によって受益者が得られるであろう恩恵が逸失しかねない」。「従って監査人の定期交代は行われるべきではない」（109）。コストとリスクの点から監査人の定期交代に消極的なコーエン委員会の意見はその後も支持されるものとなる。

　コーエン委員会は，監査人の定期的な選任によって齎される新鮮な視点の如きに期待する上院メトカーフ小委員会に対抗するような勧告を打ち出した。すなわちコーエン委員会は，かねてよりメトカーフ小委員会が示していた，「（第一の策として）監査人を一定期間経過後に強制交代させる」，「（第二の策として）年次株主総会に複数の候補事務所が出席するようにする」の二案に賛成しなかった。コーエン委員会は，ファーム・ローテーションの実施にまで及ばなくとも，同一会計事務所内の監査担当者を計画的に交代させることによりほとんどのメリットが齎されると結論づけた。そのコーエン委員会の考え方は，企業改革法（SOX）第203条により「パートナーの7年交代

制」さらに「主任監査パートナー及び審査担当パートナーの5年交代制」が
導入されたその後も長らく斯界の基本理念として生き続ける。

　実際21世紀エンロン社事件後も，SOX法207条規定に係り米国会計検査
院が出した報告書（GAO-04-216）上，コーエン委員会の結論は踏襲された。
そして「監査事務所の強制的ローテーションは現時点で最も効率的な方法と
は言えない」と明記された。すなわち今日に至ってもなお，SECとPCAOB
が監視し，ガバナンスを維持することにより[31]，監査人の新鮮な視点に期待
する上では強制的ファーム・ローテーションと同じ効果が得られると考えら
れ続けるのである。

監査品質の差を財務諸表利用者が知り得ない現実（110）

　「監査品質を判断する上で情報利用者はその拠り所となる価値を，会計事
務所の名声に置き換えて理解してしまっている」（111）。「監査品質の判断基
準として財務諸表利用者は，大衆商品の購入者らと同様に事務所のブランド
や評判以外には何の情報も持ちあわせていない」。「かくして破滅的な結果を
齎す競争すなわち，情報利用者に気づかれない監査品質の低下が起きる可能
性がある」。

　コーエン委員会は被監査経営者と財務諸表利用者の双方に対し，会計事務
所の名声をあてにすることで自ずと監査品質が担保されると考えてはならな
いとの旨，苦言を呈した。

監査人間の競争の存在（111）

　「監査報酬と比べた場合に監査品質の問題は財務部長らの関心を惹きつけ
ない」。「安価な料金とヨリ迅速な監査こそが企業の利益と財務部長の立場に
貢献する」。「可能な限り固定的な間接費を回収するため，会計事務所は変動
費を超える契約価額なら幾らででもサービスを提供するだろう」（112）。

　今日に至ってもあいにく，コーエン委員会のこうした見立てを覆すことは
容易くない。

大会計事務所への集中と独立性（112）

　「1977年に上院メトカーフ小委員会は監査業務が二，三の大会計事務所に対して集中して依頼されている事態を重視した」。「一部の大会計事務所に対して監査の発注が集中することが齎す弊害は，少数の大会計事務所が価格を自由に決定できる場合に，被監査企業の費用を押し上げてしまうことである」。「重要なことは集中の結果あえて監査品質を維持する必要性がなくなり粗悪な監査が為される可能性が残ることである」。「最近の調査報告書は監査で業種別の集中が見られる事実を示している」。「実際，会計事務所の中には特定業種に属する主要企業のほとんどを顧客に抱えているところもある」（113）。

　そしてコーエン委員会は殊更エクイティ・ファンディング社事件に言及し，「上院メトカーフ小委員会調査報告書では同社が支払った監査報酬に関わりそれがウォルフソン・ワイナー会計事務所[32]の全収入の4割以上を占めていた」事実を指摘した。その上で委員会は「大企業が会計事務所に支払う報酬が当該事務所の収入全体のうち大きな割合を占める場合には会計事務所の独立性保持は困難になる[33]」（114）と警告した。

　コーエン委員会は会計事務所に対し，収益総額に占める主要顧客の割合をできる限り下げるように勧告した。そうした策を施すことで委員会は，監査人の独立性を確保し，以て不正発見を容易にする狙いがあった。

時間的プレッシャーが監査品質に及ぼす大きな影響（114）

　「本委員会の研究スタッフは監査人を巻き込んだ事件を多数選び出し，基準以下の監査の背後要因を解明するため一千時間以上の研究を行った」。「調査結果は，監査の失敗自体は依頼人側からの陳述に信頼を置き過ぎたことによるとの結論を導いた[34]」。コーエン委員会は「実際，監査の失敗の根本原因は監査人が不適切な判断をして依頼人の言い分を鵜呑みにしてしまうことにある」（115）と言う。

　端的に同委員会は，「監査の失敗原因には苛酷な時間的圧力がある」（115）

と指摘する。その上で「本来は節度を保ち促されるべき効率ばかりが強調されている」。そして「時間的な圧力が監査品質を損なっている」という結論が記された。

別途，同報告書の巻末（付録B）で説明されているように，「困難な問題は，実務界で今なお職務にあたる会計士の58％が，本当は業務が終わっていない場合でも他の補完手続を実施せず作業終了の署名をした経験があると回答したことである。今回の調査で明らかにされた中で本委員会はこのことが最も由々しい問題だと考えている」。「本委員会調査によれば現役会計士のおよそ56％及び，現役を退いた会計士の65％が，報酬交渉によって監査計画，工数と時間数が著しく影響を受けると答えている」。「要するに会計事務所の利益動機，会計事務所間の競争，及び新規顧客を開拓する一方で既存顧客を維持しなければならないという経営上の要請が回答の中では特に強調されていた」(116)。

本節では特に，顧客との契約交渉に因り，会計士に圧し掛かるプレッシャーに言及された。

会計事務所内の予算手続改善ニーズ(116)

「会計事務所間の過当競争は予算を非現実的な金額へ引き下げさせ，それによりまた一段と基準以下の監査事例が増える」。「実際，予算が圧力になり監査品質に悪影響を与え，またかかる圧力がますます酷くなると答えた者は回答者全体のおよそ50％と驚くほど高い割合を占めた」(117)。しかるにコーエン委員会は，「恣意的に極端な低予算が設定されないよう対策がされているかどうかを検討すべき」(118)と勧告する。

さらに「監査人が誰しも感じる最たる圧力は経営者からの圧力である。それは株主総会における年次報告前に無理やり監査を終わらせるよう監査人に強いる状況である」(119)。しかし委員会報告書は最終的に，「監査終了のタイミングに関わり，経営者からの圧力に屈しないその責任は監査人自身に委ねられている」(121)ことと自覚されなければならないと戒める。

本節でコーエン委員会は，特に当初の監査契約のダンピングと監査時間数不足とを問題視した。

監査契約価格決定のポリシーと独立性の問題（121）

「我が委員会は監査報酬及び懇請に基づく顧客獲得局面に関わる研究プロジェクトを完了させられなかった」。「監査契約締結当初の損失についてはその損失を将来取り戻すことを念頭に置き，初年度もしくは数年間意図的に低廉な監査料金を提示する場合がある」。

俗にローボーリングと称される当初監査価額のダンピングに関してコーエン委員会は「前年度監査報酬未払いの状況[35]とローボーリングとが監査人の独立性を脅かす」との懸念を記した。さらに同委員会は「顧客から法外な贈答品を受け取ることは独立性維持の態度と矛盾する」との指摘にまで及んだ。

コーエン委員会は監査人による非監査業務の受注については柔軟な姿勢を示した。しかし同時に，監査人の独立性をヨリ確かなものにする努力を続けるようプロフェッション界に対し勧告した。

監査人を経営者の抑圧から守ること（104）

「監査のパフォーマンスは監査人個々人の判断と行動次第で決まる」。「会計士は幾つもの相克的なプレッシャーに晒されるのが常である」。「ここではっきり，会計士は顧客からの支払いを待つ利益追求集団の一員[36]として認識されるべきである」。「監査とは実のところ監査人に，経営者との間の緊密な関係構築を求める仕事である」。「経営者の行動，意思決定と判断とが財務諸表に影響を与える」。「しかるに監査人は時にネガティブな情報開示にまで及ぶよう経営者を説得しなければならない」。

以上，コーエン委員会の極めて率直で現実的な観察眼が窺える箇所である。

監査職能と非監査業務との関係（95）

　「1900 年代初頭，公認会計士はもっぱら，会計的な助言，帳簿作成，税務申告書作成及び鑑定等の業務に携わっていた」。「経営指導業務を供することに懸念が示されたのは関わる業務が急成長した 1960 年代に至ってからである」。

　「AICPA は 1969 年に独立性に関わる特別委員会を設置している」。「1974 年に AICPA の職業倫理部と経営指導業務部は非監査業務受注の制限に関わる意見書を公表した」。「しかし AICPA は結局，非監査業務を禁止する必要はなく，またそうすることは却って不適切と結論づけた」。そしてその結論は，「過去何十年にも亘って非監査業務の提供が為されてきた」（96）ものの，「しかし非監査業務の受注が監査人の独立性を危うくしているという確たる証拠は何も発見されなかった」という知見を基礎にしているとの旨が報告された。

　ところで監査法人による非監査業務受注の拡大を懸念していたニューヨーク市立大学教授ブリロフ（A.J. Briloff）[37] は，『説明できない会計』（1972）たる題名の書を刊行し，往時，産業界と AICPA の姿勢を批判していた。ブリロフ曰く「イェール・エクスプレス社（Yale Express）事件[38]，ナショナル・スチューデント・マーケティング社事件，ウォールストリート・バックオフィス・メス社（Wall Street Back Office Mess）事件そしてウェステック社事件においては明らかに相克状況が存在していた」との旨である。

　そのようなブリロフの指摘に対してコーエン委員会は次の如く返している。「ブリロフが実施した 1966 年調査もよく知られている」。「しかし結果は様々であり，かつ相互に矛盾する点があった」。そして結局のところは「ごく少数の財務諸表利用者だけが経営指導業務の実施と監査職能間の潜在的対立に懸念を抱いているに過ぎない」と。

　コーエン委員会は，「ブリロフは実際に起った事件を引用し，非監査業務が監査人の独立性を失わせたことを裏づけた唯一の人物」と認めた。しかし

コーエン委員会は結局，論客ブリロフの見識を否定する。

　下院モス小委員会を援護していたブリロフは，会計プロフェッション界からは実のところ警戒されていた。『ジャーナル・オブ・アカウンタンシー』誌 1976 年 11 月号に基づき千代田（1987, 183）はその様子を以下のように伝えている。「FASB のチェアマンであるアームストロングはモス小委員会に抗議の手紙を出した。モス小委員会報告書は FASB の成果を無視し，また報告書はほとんどブリロフの証言に依拠しており，FASB の主張に耳を貸そうとしない」と。コーエン委員会は結局 FASB と考え方をともにし，当時，会計士業界から睨まれていたブリロフから距離を置いたのである。

　そしてコーエン委員会は裁判所の判断により監査のあり方が左右されている実情にも触れる。同委員会曰く「AICPA からの意見書には判決を反映したものが多い」，「例えば 1966 年の SAP 第 37 号（特別な報告：倉庫業）はサラダオイル社詐欺（salad-oil swindle）[39] 事件を受けて公表された。さらに SAP 第 41 号（監査報告書日に存在する事実のその後の発見）は，内部統制が崩壊し突如倒産に至ったイェール・エクスプレス社事件の判決を受けて 1969 年に出されたものである」と。

　ブリロフの懸念とは対照的に，AICPA お抱えのライターであるワインスタイン（G.W. Weinstein）は業界の多数派の考えを次のように伝えている。「会計士たるは顧客のビジネスに精通しているからこそアドバイザリー・サービスを供するに十分な条件を備えている」。「それを禁止したら米国経済から彼らの技能と専門能力を失うことになる」（1987; 訳書, 1991, 194）と。結局コーエン委員会は，非監査業務なかんずく経営指導業務の受注に期待する AICPA に傾いたものと思量される。

　以上を纏めれば非監査業務の受嘱と独立性に関わる同委員会の意見は以下の通りである。

- 監査以外のサービスを供することが直に監査人の独立性を損なった事実は確認できない。

- 独立性を守るために経営者と監査人との関係性は見直される必要がある。
- 会計事務所の経営政策すなわち，契約価格，時間とコスト管理に関わるプレッシャーが監査人の独立性に悪影響を及ぼしている。
- ローボーリングと恣意的な締切日設定が監査品質に悪影響を与え監査人を抑圧している。

　結論的に，独立性に関わるコーエン委員会勧告の要点は以下のように理解される。

- 監査と両立できない経営指導業務の受注は制限されるべきだが一律禁止の必要はない。
- 被監査経営者が監査人に及ぼす圧力や悪影響から監査人を守る必要がある。
- 会計事務所内で独立性確保のための支援体制を強化しておく必要がある。

（10）第10章　監査基準の策定プロセス（123）

　コーエン委員会は「弁護士会や医師会の如きプロフェッション界にあって，業界自らが基準設定権限を持つことは当然である」(127) と言う。そして同委員会は行政主導で基準策定ができる機関設置の是非に関わり，「新機関創設の場合に生じるだろうと想像される困難は得られる恩恵よりはるかに大きい」(132) と述べ，その当時にあっては21世紀のPCAOBの如き監視組織の設置に慎重な姿勢を示した。

　コーエン委員会は「監査基準策定に関しSECとAICPA間の関係性はこれまで上手く維持されてきた」，「両者の良好な協力関係は今に至っている」(128) と見ていた。それは過去のSEC行政のあり様を一概に否定はしないコーエンが率いた委員会らしい見方である。

監査基準設定過程に対する批判 (132)

　コーエン委員会は「会計基準設定プロセスに対しては多くの批判が向けられてきたが，それとは対照的に監査基準策定に関する制度変更を求める提案はほとんどなかった」と認識していた。それ故にコーエン委員会は，下院モス小委員会が監査基準設定プロセスに関わり踏み込んだ指摘に至ったことを，「従来にはなかった例外的な事態である」とみた。

　結局，コーエン委員会自体は監査制度の設計に関わり何ら抜本的な勧告をするに及ばなかったのである。

重要な質問：誰が監査基準を定めるべきか (126)

　「1976 年 9 月に下院モス小委員会は SEC を取り巻く環境に疑問を呈した。さらに同年 12 月に上院メトカーフ小委員会は，政府機関が会計及び監査基準を定めるべきであると主張し始める」[40]。しかし「SEC は（会計原則の設定に関する研究プロジェクトたる 1971 年の）AICPA ホィート研究グループと軌を一にし，誰が基準設定権限を持つべきか，慎重に検討を続けた」。

　上院メトカーフ小委員会とは違い，AICPA ホィート研究グループは，つまるところ政府機関による基準策定案に賛成しなかったのである。ホィート委員会は，もしそうすればプロフェッション界から活力が失われると考えた。コーエン委員会が「プロフェッションから監査基準策定権限が剥奪される必要は全くない」(127) と記す理由は，コーエン委員会がメトカーフ小委員会と意見を異にし，他方で AICPA ホィート委員会と歩調を合わせたが故である。

　コーエン委員会はセイドラー＝マコネルの研究成果（1975）に沿って AICPA ホィート研究グループの結論を尊重した。そうした態度はアンダーセン会計事務所における実務経験も豊富なムーニッツをはじめとする，当時のリーダーらの考えにも沿っていた[41]。コーエン委員会の現状追認姿勢が窺われる点である。

指針の適時性（134）

コーエン委員会は「基準設定機関が有効に機能していたか否かについては一定期間内に出された公表意見書数をカウントすることや，意見書の作成にかかった時間を測ることでは判断されない」と言う。そして同委員会は「監査基準書案の中には時間がかかり過ぎて結局のところ公表されなかったものもある」と述べた上で，基準書策定に纏わる生産性の向上は可能であると考えた。

コーエン委員会が回顧しているように基準書の策定までに歳月がかかった事例は数多い。例えば「コンチネンタル・ベンディング・マシン社事件[42]では判決が下りる前の 1969 年 2 月，監査基準常務委員会（AudSEC）が利害関係者間取引について早，審議を始めていた。しかしこの問題に関し SAS 第 6 号『特別利害関係者間取引』が出されたのは 1975 年 7 月であった」。

コーエン委員会曰くは「監査基準常務委員会はその都度，SEC や裁判所が提起した問題に対して対応してきた」。「しかし，かかる問題をいち早く認識して解決していれば何事も，深刻な事態にならなかったかもしれない」（135）。このように同委員会は監査基準書の発行遅延状況を問題視した。

同委員会勧告がその後の期待ギャップ監査基準書群に反映されるまでには 10 年の歳月が必要とされた。コーエン委員会勧告が出されたにもかかわらずその後も基準書発行の遅れに災いされ斯界では失態が続いた。現実をみれば米国にて，不正発見のための実務指針はタイムリーに出されることがなかった。それらは常に遅れてやってきたのである。

常勤の監査基準設定機関（135）

「監査基準設定を目的にしている現在の委員会は再編されてしかるべきである」。「監査基準書策定作業が何かと苛酷であることに鑑み，関係委員は常勤雇用されるべきである」。「そうした委員会は相応しい経験とスキルを持つ委員に対し魅力あるフルタイムの報酬条件を示し組織されるべきである」。「かかる組織で活動した実績は会計プロフェッション界におけるその人物の

指導力を高めるだろう」。

　基準策定作業にはフルタイム常勤の委員が携わるべきという旨の勧告は，AICPA の別件の委員会たるオリファント委員会にては受け入れられなかった[43]。しかしその後は常勤で採用された委員が基準設定作業に携わることが国際的な常識になる。オリファント委員会に勝る形で，コーエン委員会勧告が実を結んだ好例である。

監査基準設定過程への参加層の薄さ（137）

　「会計基準に比べれば監査基準は社会から幅広い関心を集めるに至っていない」。「監査基準書の策定作業については会計プロフェッション界の内部でさえこれまで広く関心が払われることはなかった」（138）。

　コーエン委員会が指摘する現実に鑑み，そのプロセスには AICPA が責任を持ち関わることと結論づけられた。

（11）第11章　監査業務の質の維持のためのプロフェッション規制（141-156）

　コーエン委員会曰く「不十分な監査が露見するのは倒産によって損害を被った利害関係者もしくは SEC が基準以下の監査かどうか調査した後に判明する」。「被監査企業が破綻しない限り，実施された監査がたとえ基準以下の水準のものであったとしてもそのことが明らかにされないまま終わる可能性がある」。「これまで実際どの程度まで基準以下の監査が為されてきたかは正確には判らない」。

　コーエン委員会が指摘するように監査の失敗はあいにく事後の調査や訴訟段階に至り気づかれる場合がほとんどであろう。

現在の法的環境が齎す影響（151）

　コーエン委員会曰くは「どんな争いであれ訴訟に持ち込むような社会の風潮が斯界に好ましからぬ影響を与えてきた」。そして「情報利用者は監査人

を，新しい種類の情報にまで関与させようとしている」。その結果「行き過ぎた訴訟がプロフェッション界の素早い対応を難しくさせている」との由である。

コーエン委員会曰く，さらに「訴訟件数の増加は監査人が防衛的監査へ走る背景となった」。ところで「ここに言う防衛的監査とは，監査人が訴訟に巻き込まれ，後日，SECから処分される事態を考えて予め監査人が自分を守ることを目的にした手続をとる事態である」(153)。

カーマイケル曰くは「結果的に敗訴した場合の賠償金額が増えるに伴い，監査人は自分達の責任の所在を基準書や事務マニュアル上はっきり記すことに慎重になった」(153)。カーマイケルが批判するプロフェッション界の守りの姿勢が，同委員会報告書刊行前，監査基準書に不正発見責任が記されなかった主因だろう。

さらにコーエン委員会はケアリー (J.L. Carey) [44] の *The Rise of the Accounting Profession* (1969) の書の知見を紹介し，「AICPAは，高品質な監査を齎すはずの基準書や規則が，裁判で不利な証拠に用いられる可能性があるという認識を深めた」(153) と言う。すなわち当時の会計プロフェッション界は，監査基準書が定めるような内規が業界を守ることはないと考えたのである。

コーエン委員会はカーマイケルに率いられ，会計プロフェッション界が守勢から脱し抜本的な改革を推進するように勧告した。コーエン委員会は既存基準に従っていればそれで十分と考えて基準の厳格化に及び腰の会計プロフェッション界に喝を入れたのである [45]。

「安全港」の制限的な適用 (155)

安全港 (safe harbor) ルールは被告会計士側が監査基準に準拠していなかった事実の挙証責任 (burden of proof) を原告側へ転じることで被告側に保護を与えるものである。コーエン委員会曰くは「しかしそのルールは監査職能が拡大されることで監査人の責任を引き上げてしまう場合，あるいは経

験が浅くリスクが高い新分野で監査職能が拡大されるような場合に限り用い
られるべき」である。すなわち同委員会は会計プロフェッション界がそれら
のセーフハーバー・ルールを濫用することを懸念した。コーエン委員会は，
会計士の会員組織を守るために，そうしたルールの導入によってとにかく訴
訟が減りさえすればよいと安直には考えなかったのである。

　しかし，現実にはハックフェルダー事件（E&E v. Hochfelder, 503, F.2d
1100, 7th Cir., 1974）に対し下された 1976 年最高裁判断（US Supreme Court
Decision 425, U.S.185）により，会計プロフェッション界に対し，またしても
逃げ場が供された。

監査基準確立の過去の成功例（124）

　コーエン委員会はメリノの検証を踏まえて監査基準形成史を次のように省
察している。「AICPA が公式に基準設定作業を開始した時期は 1939 年 1 月
である」(124)。「監査手続委員会（CAP）の任務たるは社会動向を踏まえ監
査手続を検討することだった」。「監査手続委員会は（1938 年に発覚した）マ
ケソン・ロビンス社事件への対応を図るため編成された」。「その事件は同社
経営陣間の共謀に基づいていた」。「同社の連結総資産 8,700 万ドルのうち
1,900 万ドル相当の売掛勘定と棚卸在庫が架空だった」(124)と。

　しかし第二次世界大戦の戦禍もあって，その後の監査基準書策定プロセス
は滞る。そして CAP は戦後 1947 年 10 月になってようやく「監査基準試案
－その一般に認められた意義と範囲」を公表した。「一般基準」，「実施基
準」，「報告基準」それぞれの区分が 3 基準を従えるという，9 つの監査基準
から成る当該監査基準試案は 1948 年に採択された。そうしてそれらは
GAAS と略称される「一般に認められた監査基準－意義と範囲」となった。
そして最後 10 番目の基準は 1949 年の SAP 第 23 号により採択された[46]。

監査基準設定プロセスへの勧められるべき変化（135）

　「実際，FASB が公開草案に対し数百のコメントを受付ける状況はごく普

通にある。しかし監査系の公開草案で百のコメントが受理されるケースは少ない」(138)。「そもそも監査基準策定に向けた努力の内実は AICPA のメンバー間にあってもよく知られてはいない」。「しかしながら監査報告書の改訂やコミュニケーション関連の規定はパブリックの関心を集める」。

　コーエン委員会は,監査基準策定に対し社会が向ける関心は浅薄な程度とみた。他方で監査の実効性を高めるために情報利用者とのコミュニケーションの改善が図られなければならないと言う。

監査基準以下のパフォーマンスから利用者を護るために (141)

　「基準以下のパフォーマンスは,パブリックに対してだけでなく報酬を支払う企業にも影響を与える」。「しかし基準以下のパフォーマンスとはいったい何かについて,定まった見識はない」。「会計プロフェッションのパフォーマンスの上での失敗はどうあれ人的エラーに跡づけることができる」。「しかし全ての人的エラーをなくすことは不可能だろう」。

　コーエン委員会は人的エラーをなくすことはできないとした上で,特に監査人の基準以下のパフォーマンスに関わる判断の識閾が確立されていない状況を問題視した。

会計プロフェッションによる実務の監視を改善するための提案 (145)

　委員会報告書曰く,「プロフェッション界自らが業界のパフォーマンスを監視する制度には長い歴史がある」。「しかるに会計プロフェッションを監視する仕事は業界側に留まるべきである」。

　コーエン委員会は当時,その後21世紀に入り設置された,SEC を意識して活動する公開会社会計監視委員会 (PCAOB) の如き組織までは不要だと考えた。当初,モス・メトカーフ小委員会により構想されていた,会計プロフェッション界に睨みを利かす監視組織の実現は,企業改革法 (SOX) の下,遅まきながらPCAOBが設置される今世紀,2002年を待たなければならなかった。

●──── 注

1　【1971年ホイート委員会の目的】同委員会は1973年FASBの設置に結実した。ところで西田（1974, 54）曰くは「ホイート報告書の目的が1933年法と34年法におけるディスクロージャー制度の効率性の再検討にあることはよく知られている」。

2　【1971年トゥルーブラッド委員会の目的】同委員会は「財務報告の基本目的に関するステートメントがないということが現在のピースミール・アプローチの主な理由」（千代田, 1987, 246）と考えたようである。結果としてFASBは1974年から，いわゆるピースミール・アプローチからの脱却を狙う上ではぜひとも必要になる「概念フレームワーク」プロジェクトに着手したのである。

3　【「AICPAコーエン委員会報告書」に関する根本的誤解】同委員会報告書（xvi）は「コーエン委員会の3年間の作業中は，AICPAに対する中間報告書を含む二種類の進捗報告書の提供及び委員長代理がAICPAの年次総会で講演をしたこと以外では実質的にいかなる接触もなかった」旨を明記している。コーエン委員会報告書がAICPAの公式意見でありAICPAの矜持を表しているなどと捉えることは誤りである。むしろ委員会報告書の内容はSEC側の意気込みに影響され，直にそれを反映していると思量される。ところでSECは結局，会計基準設定問題であれ何であれ「背後から職業会計士団体の作業を監視することを選択した」（大石, 2000, 56）ことは間違いない。

4　【会計監査改革—1977年に為されたこと】上院メトカーフ小委員会報告書とコーエン委員会中間報告書は1977年3月の同じタイミングで公表された。ところでコーエン委員会はその中間報告書で，各種の基準策定権限がプロフェッション界に留まるべきと主張していた。コーエン委員会中間報告書の存在もモス・メトカーフ両小委員会報告書の意図に反し，諸権限がプロフェッション界に留まるという結果に影響しただろう。

5　【監査の捜索的職能】リトルトン（1933; 訳書, 1952, 375-376）は「初期の会計監査について考察すべきことは（中略）当時の問題は一般に財務上の責任を正直に遂行したかどうかということにあった。14世紀初期のころの不動産経営に関する著書が，監査人は誠実にしてかつ慎重でなければならぬとされている。（中略）16世紀の荘園勘定に係る関連書籍中にPeruse it and Search it という辞句がみられるがこれは詮索による監査を意味するように考えられる」と言う。コーエン委員会報告書はそこでの"Search"という言葉を再び論題にしたのである。

6　【ジョン・モス議員とリー・メトカーフ議員】John E. Mossはカリフォルニア州選出民主党員であり，モスが率いたモス下院小委員会報告書は1976年10月に『合衆国下院の州際および外国商業取引委員会の監視および調査に関する小委員会報告書』の題名を付して刊行された。他方でLee W. Metcalfはモンタナ州選出上院議員であり1977年3月にメトカーフは「アカウンティング・エスタブリッシュメント—合衆国上院の政府業務に関する委員会の報告書，会計および経営に関する小委員会によって作成されたスタッフ研究」たる小委員会を率いて報告書を刊行した。

7　【公認会計士の企業継続性判定能力】高田（2007, 79-80）は「問題はそもそも企業継続能力を判定する能力が実務者にあるか否かである。この問題を最初に提起したのはアルトマン＝マゴー（Altman and McGough, 1974）であった」。「監査人は企業継続能力の判別に関して能力が劣ると彼らは指摘してアルトマン・モデルの優秀性を示唆した」。当該モデルは1970年代半ば，企業継続能力の判定問題を議論の俎上に上げる嚆矢となった。

8 【AICPAとメトカーフ小委員会との敵対関係】千代田（1987, 190）によれば「AICPAは，1977年1月17日（中略）メトカーフ報告書の勧告は財務報告の改善よりもそれを悪化させるであろうというステートメントをマスコミに発表し（中略）メトカーフ報告書の勧告に反対する公式文書を全会員に送付しその団結を訴えた」。「さらに国会議員にAICPAへの支持をアピールし，また政治資金団体を設置して議会対策を講じた」。要するにAICPAはメトカーフ小委員会を敵視していたのである。そうした態度は後のAICPAのコーエン委員会報告書に対する冷淡な扱いにも表れている。

9 【逐語訳を回避した事情】筆者は，抄訳を試みる上ではペイトン＝リトルトンの著『会社会計基準序説』（1940）を翻訳した中島省吾教授の次の言葉に全く以て共感する。曰く，「筆をとってみると邦語の表現に相当の困難を覚え」，「邦文を駆使することに行悩んだ」。「一般に訳文は逐語的という意味での正確さを避けて読み下し易いことを建前にした」（訳書, 1958, 訳者序, 1）。

10 【FASBが定義する中立性の意味】コーエン委員会は被監査経営者の誠実性を見通す際の監査人マインドの中立性を要求した。他方，中立性についてはFASBが全く別の側面から定義している。すなわちneutralityは1980年2月公表の『FASB財務会計概念に関するステートメント』（SFAC）第2号にあってはAbsence in reported information of bias intended to attain a predetermined result or to induce a particular mode of behavior（1986, 33）と記された。すなわちFASBによれば「中立性とは報告される情報が，予め決められた結果に繋げるように意図されたバイアスに影響されていないこと，あるいは特定の行動様式に結び付けるバイアスがないこと」として財務会計の目的を強く意識して定義されたのである。

11 【監査報告書内の適正表示たる用語の削除勧告の行方】コーエン委員会報告書は適正表示たる言葉の意味に納得せずその削除を勧告した。しかしAICPAは当該勧告に応じなかったのである。その事実に関して千代田（1987, 141）は，それは1973年10月のHerzfeld事件にて，ニューヨーク地裁がLaventhol Krekstein Horwath&Horwath会計事務所に97,500ドルの損害賠償の支払いを命じた事実に影響されていると言う。

12 【ASR第173号】同号（1975年7月Exchange Act Release No.11517）はSECが1972年2月から1974年4月までの間にファイルした（PMM）会計事務所に対する提訴因を，Talley社事件，National Student Marketing Corporation（NSMC）事件，ペン・セントラル鉄道，Republic National社事件を含め，複数扱っている（本書付録1参照）。

13 【未確定事項と条件付監査意見】この論点に留意する本邦の研究者は少なくない。例えば永見（2011, 79）曰く「コーエン委員会は，条件付監査意見は財務諸表の読者に十分に理解されておらず，また常に一貫した形で監査人によって用いられていない，と結論づけている」と言う。また町田（2004, 41, 49）は「コーエン報告書において（未確定事項）subject-toの廃止が提唱され，その影響を受けた1982年の新SASの公開草案ではsubject-toの廃止が盛り込まれたのである」，「コーエン報告書の勧告内容は，監査人の役割を情報の評定に限定するという前提を認めれば，演繹的に導かれる」と結論づけている。

14 【『モントゴメリー監査論』の改訂版】モントゴメリー［R.H. Montgomery, 1872-1953］は「1912年に，米国における監査実務の英国からの離脱の必要性に鑑み」（『モントゴメリーの監査論』O'Reilly et al., 1990; 訳書, 1993, 12），最初に『監査：理論および実務』（Auditing: Theory and Practice）を著した。これはモントゴメリー没後になって『モントゴメリーの監査論』と改題された。そして同氏没後もクーパース・アンド・ライブランド会計事務所の後継者達によって

書き継がれ、1998年4月にはその第12版が刊行され現在に至っている。ところでモントゴメリーはAAPAの1912-1914年の会長、AIAの1935-1937年の会長を務め、モントゴメリーの書は彼の存命中に7版を重ねた。

　なおモントゴメリーは英国のL.R. Dicksee の著作を基にして1905年と1909年に『ディクシーの監査論』を発刊した。『モントゴメリーの監査論』たる、モントゴメリー没後に付された書の呼称は、クーパース・アンド・ライブランドが（モントゴメリーがそう呼んだところの）『ディクシーの監査論』に対置させ、格別の敬意を表して付した書名なのである。

15 【19世紀米国の監査書】実際、「1900年代以前に米国で出版された監査の文献は極めて少なかった。H.J. Mettenheim の『監査人のガイド』（1869）たる題が付けられた16頁の著作には不正を防止するための考え方および現金監査の指針が述べられていた。1882年に出版されたG.P. Greer の『勘定の科学』（*Science of Accounts*）には種々の勘定に対する監査手続が説明されていた。重要なことはそれらの手続に帳簿以外からの証拠の収集が含まれていたことであった」（『モントゴメリーの監査論』O'Reilly et al., 1990; 訳書, 1993, 12）。

16 【赤狩り】例えば日本経済新聞2020年4月20日朝刊15面記事は「赤狩り」（red scare）を次のように説明している。「第二次世界大戦後米国で広がった共産主義者を排除する摘発運動のこと。赤というのは共産主義を象徴する色に由来する。当時は米国とソ連がそれぞれ陣営を拡大し対峙し始めていた。中でも上院議員マッカーシーらが主導した活動はマッカーシズムと呼ばれた。米政府の関係者だけで600人が追放された」。

17 【コーエン委員会中間報告書からの変更点】同委員会最終報告書（AICPA, 1978, 付録A, 抄訳）にては以下の趣旨の但書が記されている。「コーエン委員会が中間報告書を公刊したのはSAS第16号公刊2ヶ月後の1977年3月だった。しかし最終報告書第4章が扱っている不正発見責任に関しては中間報告書から大きな変更はない。他方で最終報告書の後半部分には1977年FCPA法制定に合わせてアップデートが施され修正が入った」。

18 【女性ジャーナリストのアイダ・ターベル】Ida Minerva Tarbell［1857-1944］は米国の女性作家でジャーナリスト。調査報道を得意としていた。「彼らは公正な勝負を行わず、自らの巨大さで自滅した」というターベルの言明はスタンダードオイルに対する攻撃を煽り、1911年の同社の分解を促したと伝えられている。ターベルは『エイブラハム・リンカーンの生涯』（1900）他の著者であり、2000年「全国女性の栄誉」殿堂入りをしている。2002年には記念切手までが発行された。

19 【パブリックの関心の高まり－W.Z. リプリーの影響】Ripley［1867-1941］の書（1926; 1927）のスカラーズ・ブック再版にあたり寄せられた1972年10月付けのムーニッツの序言では、「（今日の各種の）ファイナンシャル・プレスにて応じられる重要な記事内容の流れはおおかたRipley と1920年代の出版物の追想による」と付されている（Ripley, 1972, Foreword to the Reissue, xi, 抄訳）。

20 【非財務情報に関するコーエン委員会認識に対する批判】この箇所の勧告に関わり吉見（2006, 24）は関係書内で関連する注記を付している。吉見の認識の通りコーエン委員会が非財務情報までをカバーする保証に消極的だったことは明らかである。

21 【「ボイラープレート型」監査報告書に対する問題意識】ところで本箇所でコーエン委員会は、日本では2021年3月期から上場企業に対し適用される「主要な監査項目」（KAM）に纏わる議論を半世紀近く先取りしていたかのようである。コーエン委員会はいち早く、紋切り型の、い

わゆる「ボイラープレート型」監査報告書が齎す問題に気づいていた。ところで千代田（1987, 35）は 1932 年刊の AIA Bulletin No.103 を出典として「20 年前には監査証明はほとんど何らの特別な重要性を有さなかった。それは財務と言う絵を引き立たせる額縁とみなされていた」という G.O. メイの 1915 年 AAPA 年次総会での言明を紹介している。監査報告書が紋切り型となることの議論は 21 世紀に入って始まったわけではなく何と 100 年以上も前から存在していたのである。

22 【1940 年代－研究者と実務者との協働】コーエン委員会が大学と実務者間の連係が強かった時代として特に何故 1940 年代を引き合いに出しているのかその事情は明らかではない。しかし例えば 1940 年はペイトン＝リトルトンの『会社会計基準序説』の刊行年度として知られる。またそれに先立つ 1935 年は米国会計学会が組織された年度であり，爾来ペイトンとリトルトンがその常務委員会の主要メンバーとして「脈絡ある，相互に斉整せられた，首尾一貫した理論体系の重要な諸原理を実用化せんとして来た」ことはペイトン＝リトルトンの著に序言を寄せた H.C. Greer の一節から知られる事実である（Paton and Littleton, 1940; 訳書, 1958, 序, 3）。ところで小森（1989, 220）は「和解のきざしは 1939 年に CAP が設けられた際，著名な 3 人の会計学者がメンバーに加わり，また学会では副会長に学会人以外から選出する方法を採り，最初に就任したのが C.G. Blough だった」，「その後も学会で好評を博したペイトン＝リトルトンの『会社会計基準序説』を AIA 会員に無償配布」などの（学会と実務界との）協力関係や人事交流を詳しく伝えている。

23 【研究者かつ実務経験者たる人々の例】コーエン委員会の指摘の通り，その事実は例えば AIA 設立に寄与しコロンビア，ニューヨーク，ペンシルバニア各大学の教壇に立ったモントゴメリー［1872-1953］しかり。また 1940 年に W.A. ペイトンとともに『会社会計基準序説』を執筆したシカゴの会計事務所上がりの A.C. リトルトン［1886-1974］しかり。さらには UC バークレー校で教鞭を執りつつ 1944-1956 年の間アーサー・アンダーセンに勤めた M. ムーニッツしかりである。

24 【1977 年『会計理論及び理論承認ステートメント』（SATTA）の観察眼との一致】ところで SATTA はその枝葉末節でコーエン委員会と係る認識を重ねている。SATTA によればかつて「大学における大部分の会計学教授は学究的研究よりはるかに実務を指向していた」。「博士号を持つ学者は比較的少なかった」。「今世紀の初めの二，三十年間においてほとんどの会計論者は概念的基礎よりむしろ会計実務の詳細を扱った」。「多くの教科書において会計理論は論理のあとづけもなく特定の会計実務に賛成または反対する特殊な弁論から成り立っていた」（AAA, 1977; 訳書, 1980, 13）。そうした認識はコーエン委員会のそれとほぼ同一である。学界と実務界との間のその後の距離の拡大は，実は SATTA においても十分に気づかれていたのである。

25 【1960 年代米国会計実務と理論の傾向】ムーニッツの書を翻訳した小森（1989, 171）曰くは具体的に「1960 年代後半にはタックス・アロケーション，コングロマリット出現に伴うプロダクトライン・リポーティング，持分プーリング法の問題等」である。

26 【1978 年 M. ムーニッツの AAA 会長就任】ムーニッツは 1940 年代，アーサー・アンダーセン会計事務所に勤務した経験があり，「1950 年代以降，私は会計士業界の団体と密接に関係を持ってきた」と公言している（Moonitz, 1974; 訳書, 1979, 序文 3）。そうした事情もあり，会計プロフェッション界を擁護し続け懐疑心の問題には何ら表立って関心を示さなかったムーニッツが，1976 年 Hochfelder 訴訟に対する最高裁判断の後，ひとたび不正を看破できなかった会計事務所

への厳しい追及が止んだ 1978 年に AAA 会長となったことはいかに解釈されるべきか。それにより実務界が研究界に影響を与える余地も生じ得たのではないかという穿った見方も可能であろう。

27 【財務会計の時代としての 1930 年代】太田哲三は中島省吾の訳書に寄せた序文にて「企業会計の基準または原則は 1930 年頃からの米国会計学界のテーマである」、「米国で（企業会計の基準が）特に強調された所以は蓋し会計士監査制度の発達による」、「証明の対象たる会計の真実性の意味が統一・純化されなければ監査そのものの権威は著しく薄弱となる」と言う（Paton and Littleton, 1940; 訳書, 1958, 1）。筆者は，1934 年強制監査導入を背景に，まず以て会計基準の頑強性を確かめようとするニーズの存在がその時代，特に財務会計分野に関心が寄せられた背景にあったと見る。

28 【ウェステック社事件が監査人の独立性解釈に与えた影響】Westec 事件とは 1968 年 8 月 23 日にヒューストンで提訴されるに至った「カーペンター対ホール事件」のことである。当時にあって早，独立監査人の MAS 兼業が懸念された事件であった。Brewster（2003; 訳書, 2004, 228）は次を言う。「コーエン委員会の意義：AICPA の依頼を受け元 SEC 委員長のマニー・コーエンの指揮の下で設けられたコーエン委員会は二つの理由で重要だ。第一にその最終報告には，コンサルティング・プロジェクトのせいで妥協を強いられた監査の例が少なくとも一つ含まれていたことである。それはウェステック社の例だ。（中略）カーマイケルは言う。陪審は明らかにウェステック事件が監査人の独立性を傷つけたと信じていた。大手事務所を弁護する人たちが，何年も繰り返し，コンサルティングが監査の独立性に悪影響を与えたケースなどただ一件もないと言い続けるのにはいい加減うんざりさせられる」。「第二に，コーエン委員会報告書にはある条項が含まれている。それは，監査は当然ながら正式な監査基準に則ったものでなければならない。つまりさまざまな監査の如きものがあってはならないというその事実である」。

29 【政府機関主導による財務諸表監査が導入されなかった背景】関連書からの指摘として Brewster（2003; 訳書, 2004, 114）曰く，「人々は中央集権化を加速させるのを嫌ったのですよ。中央集権化すれば腐敗と停滞が待っているだけですからね」と，1933 年 4 月の証券法成立当時のテネシー工科大学教授 G.A. スワンソンのコメントを引き合いに出している。

30 【1977 年の監査委員会設置義務化の動向】米国内にて普通株を上場する企業に対する監査委員会設置義務化の要件はコーエン委員会報告書（注 22）に記載されている。それは NYSE のチェアパーソンであった Batten の上場企業宛 1977 年 1 月 6 日の書信に従った方策だった。

31 【SEC による PCAOB の吸収】2020 年 2 月 14 日本経済新聞報道（9 面）によれば，ひとたびトランプ政権によりおよそ 630 億円相当の歳出削減及び「規制当局の権限の曖昧さや重複を取り除く」目的での PCAOB と SEC の統合計画が発表された。過去 2017 年に PCAOB の査察情報が事前漏洩していたこと等，PCAOB 自体のガバナンスの緩みがそうした事態に影響しただろう。

32 【ウォルフソン・ワイナー会計事務所の劣悪な監査品質】コーエン委員会報告書内に記されているブリロフ（Briloff., A.J., 1972）の言葉によれば，エクイティ・ファンディング社事件に関与した「ウォルフソン会計事務所の監査は何年にもわたり他に言い表しようがないほど全くいい加減だった」と伝えられている。

33 【監査法人の寡占状況が齎すこと】関わる指摘として小森（1989, 98）は「（PW）会計事務所のように石油業界の上位 10 社中 6 社までも被監査会社にしている場合には（それが）その業界の統一的見解の主流になる」、「寡占的独立監査人としての立場はその主張を常に主流化するのに

役立つ」と言う。

34 【エクイティ・ファンディング社事件－それは基準以下の監査例か】コーエン委員会報告書は
脚注（AICPA, 1978, 114, 35）を付し，エクイティ・ファンディング社事件は基準以下の監査と
して括られる性質の限りを超えており，そのケースでは単なる判断ミスを超える詐意までが観
察されるとの旨を述べている。結論的にエクイティ・ファンディング社事件は，防衛型の監査
実務にみられる単なる基準以下の監査例ではなく実質的には監査事務所を犯罪当事者に含んだ
詐欺事件であると推量されよう。

35 【前年度監査報酬の未清算による監査人の独立性毀損】その旨の勧告に関わりコーエン委員会
報告書（AICPA, 1978, 121, 脚注 39）は，AICPA Professional Standards Vol.2, ET Section
191.104 を引用している。

36 【監査人の利益追求姿勢と独立性確保の矛盾に関するモンタナの見解】『スカラーズ・ブック』
シリーズの一冊を著した Montagna の言によるなら，「しかしながら完全な独立性たるは決して
得られない。もしそうなりたければ監査報酬は一切受け取られるべきではない。実際には，餌
をくれる手を嚙むわけにはいかないのである。特に，顧客が望むものと，監査人が観察してい
ることの違いが決定的に大きくなる前までは」（1974, 71, 抄訳）。ところでモンタナの同著
『CPA 会計』（1969 年脱稿，1974 年刊行）執筆に際してはムーニッツとカーマイケルが関わって
いた（同書 xii にその事実記載）。

37 【A.J. ブリロフの批判的研究と事後の評価】大石（2000, 153）は「独立規制機関の優等生と目
されていた SEC が私的利益を擁護していると批判されたことによって，会計規制は公益のため
に行われているという考えが疑問視されるようになった。（中略）Briloff や Chatov に代表される
批判的な研究も影響力を持っていた」と言う。なお，ブリロフ［1917-2013］は彼が 2013 年に逝
去したその翌年に Accounting Hall of Fame にて顕彰されている。表彰の理由は「半世紀以上彼
は会計専門職の良心であり続けた。彼は会計専門職の社会的責務を果さんがために基準が意味
するところを上げ続けた。彼は自らの支援者のみならず彼が批判していた対象からも尊敬を得
ていた」と伝えられるところである。ブリロフの論調は 1970 年代には些か過激と見られていた
ようであるが，その後，新世紀を迎え彼の知見が正しかったことが認められたのである。

38 【イェール・エクスプレス社事件】同社株主及び債権者によって同社役員及び（PMM）会計事
務所が 1967 年に提訴された粉飾事件であり損害賠償額は 1,010,000 ドルだった。ところで
Montagna（1974, 132）は雑誌 Fortune（1965 年 11 月号 72：146-149, 226-232）掲載の R.J.
Whalen, "The Big Skid at Yale Express" の記事を参照しつつ，同社の 1963 年の報告利益 114
万ドルがその後 1965 年に訂正されて 188 万ドルの損失となった状況を伝えている。本事件は後
発事象に関わる SAP 第 41 号（1969）の刊行に繋がった。

39 【サラダオイル社詐欺事件】Montagna（1974, 131-132, 抄訳）は例えば 1965 年 2 月 18 日に
ニューヨーク大学経営大学院でなされた L. Spacek の講演を引用し，往時，投資税額控除の処理
により製鉄会社間では利益が全く異なるベースで報告されていた事実を述べている。スペイシ
クはその講演で「サラダオイル社詐欺事件は誰でも知っている話となった。今では財務報告不
正を見破るためにはさほどの分析家も必要としない」と嘆いている。

　ところで千代田（1998, 81）は青柳（1986, 8-14）の言を引用して，「1970 年代の米国では会計
が政治的過程であることが痛感された」点に注意を向けさせている。すなわち「投資税額控除
は一括計上法が投資を刺激し，国民経済の成長を持続させる政府や業界の意向に叶うので，繰

延法の技術的合理性は没却される。しかしそのように経済的効果だけを重視すれば，会計と会計基準は常に政治的圧力に晒されることになる」と。

40 【下院モス小委員会と上院メトカーフ小委員会の取り組み方の差】大石（2000, 153, 修正）は「モス小委員会はSECが会計プロフェッションを信頼していることを問題にしただけであった」，「メトカーフ小委員会はそれを一歩進め，SECが会計プロフェッションによって捕囚されていると述べている」の旨を言う。

41 【ムーニッツの考え方】M. ムーニッツは彼の業績『アメリカにおける会計原則発達史』（*Obtaining Agreement on Standards in the Accounting Profession*, 1974）にあって「監査基準や手続に関する問題は非常に専門的であり，そのためマケソン・ロビンス社事件やエクイティ・ファンディング社事件といった重大なスキャンダルに発展しない限り法律家やパブリックは通常，監査基準の策定の仕事を監査人だけに任せるであろう」（1974; 小森, 1979, 14）と述べている。そのムーニッツはチュレーン大学のS.A. Zeffさらにはライス大学教授でAAAの研究担当部長でもあったR.R. Sterlingと親交が深かった。ところでムーニッツはエクイティ・ファンディング社事件に対しては「州レベルで厳格に規制が行われている業種である生命保険業をも含み，最近では（中略），信頼されている独立会計士により監査されていた」（1974; 訳書, 1979, 13）と言い，実は当該事件の影響を深刻に捉えていなかったようである。そうした往時UCバークレー校の教授であったムーニッツの態度はAAAの状況認識にも影響を与えたことだろう。

42 【コンチネンタル・ベンディング・マシン社事件に関わる法廷論争】1966年に提訴されたUSA v. Simon and Ors., United States Court of Appeals 事件につきフリント（1988; 訳書, 2018, 164-165）は「一般に認められた基準への準拠を証明することは非常に説得的な証拠であるけれども，必ずしも絶対的にそれではないという事実は，コンチネンタル・ベンディング・マシン社事件において陪審員に対する説明の中で明示された」と伝える。フリントの書によっても，監査基準への準拠性に問題がなければ会計プロフェッションは責任を問われることはないという1960年9月のSAP第30号（「財務諸表監査における独立監査人の責任と職能」110.05）のロジックはその後，コンチネンタル・ベンディング・マシン社を巡る1969年の法廷論争で崩れたのである。

43 【基準設定主体の委員メンバーの常勤化について】町田（2019, 172）は1977年6月にAICPAが召集したオリファント委員会は，監査基準設定主体メンバーを囲い込む形で委員を常勤化することで委員と会計プロフェッション界との間に無用の距離が生じるという懸念を持っていたという旨を伝えている。

44 【AIA事務局長ケアリー】J.L. Carey は1925年から1968年までの長きに亘りAIAに勤務し，1933年当時は協会の事務局長を務めていた。ところでCareyの書（1969, 36）は，SEC委員LandisがSECとAICPAの「共同体制」に期待していた当時の様子を詳しく伝えている。

45 【後にPCAOB主任監査官となったカーマイケル】ところでカーマイケルは時を経た2003年12月のAICPA年次大会の席上，PCAOB主任監査官の立場から「プロフェッショナリズムこそが第一」という講演を行っている。彼はコーエン委員会報告書刊行から四半世紀を経た後も変わらず，「重大な不正が発見できなかった場合に，単に監査基準に準拠していたから責任が無いと捉えるのではなく，なぜそのような重要な不正を摘発できなかったか突き止める作業を行うこと」（川北, 2005; 八田, 65）の意義を主張した。それこそは長年のカーマイケルの思いの発露であっただろう。

46 【GAAS－10番目の基準】千代田（2012, 3, 15）は「1954年8月，意見差控に係る基準を報告基準に加え，計10個からなる監査基準が現在まで継続している」と付している。

第 **4** 章

「監査人の責任」委員会報告書を形成した個別研究

Monologue

■ ■ ■

その報告書は政治にさえ翻弄された
統一感なきモザイクのようにも見える。

I ■ 勧告の焦点となった研究プロジェクトの概要 (159-184)

委員会報告書（付録B）にはコーエン委員会が採択した数々の研究成果が収められている。委員会は結論と勧告を導き出す上ではそれらの成果を足場にした。そして関わるリソースは (1)「背景に在る研究論文」, (2)「会議とインタビュー」, (3) 監査失敗事例に関する「スタッフ分析」, (4)「調査結果」, とに分類されている。さらに同委員会報告書（付録B）は委員会が分析した18件に及ぶ監査の失敗事例をも挙げている[1]。

以下順不同であるが, 同委員会報告書に直接的な影響を与えた個別研究全21篇中, 殊に本書の論題に深く関連する11研究例の紹介である。

II ■ 影響を与えた個別研究例

（1）マウツ「市場経済における独立監査人の役割」

委員会報告書内（AICPA, 1978, 162-163）にある通り, マウツ (R.K. Mautz) は1975年6月, コーエン委員会に対し「市場経済における独立監査人の役割」（The Role of the Independent Auditor in a Market Economy）たる成果を供した。またそれに続き同年10月には「我々の社会における監査の役割」（The Role of Auditing in Our Society）の論稿を供した。

コーエン委員会に関与したマウツは1960年代後半から弁護士ラルフ・ネーダー［R. Nader, 1934-］ら消費者運動のリーダーが率いた社会変化を感じ取った。そのマウツは, 会計プロフェッション界にても消費者中心主義への移行[2]を見据えた新しい対応が求められると言い始める。

マウツは「訴訟が増えている状況」,「消費者の立場が重視され始めている状況」, そして特に「証券市場にて専門家責任が拡大されている状況」が齎す社会の変化に留意をした。1970年代半ば, マウツは, かつて自らが措置した古い監査公準に頼るのでは, 現下の環境変化を説明し尽くせないと気づ

くのである。

（2）シェイクン「監査費用対効果の最適化に関わる基礎研究」

　シェイクン（M.F. Shakun）は，コーエン委員会に対し「監査の費用対効果分析」（Cost-Benefit Analysis of Auditing）の成果を提出した。当該研究にては監査法人のみならず経済社会全体に関わり費用対効果の分析視点を重んじた所論が展開されていた（AICPA, 1978, 165）。

　ところでシェイクンが用いた仮説たるは「誤情報にまつわるコストは非効率なリソース配分に繋がる」，「それらは最適関係性を探りつつ，誤情報を減らすための監査コストとバランスをとり得る」という考え方に依拠している。

　当該シェイクンによって「経済全体を見る立場から資本予算とポートフォリオ理論に基づくアプローチまでが検討」された（AICPA, 1978, 165）。さらには「情報エラーがいかなる影響を持つかを示すため，リニア・プログラミング技法採用の可能性」までが示唆された。

　シェイクンは「監査コストと財務諸表利用者が被る予想損失とを均衡させるために意思決定理論を採用」する，その可能性を記し，その試みにあってはゲーム理論が応用されると言う。

　コーエン委員会は，シェイクンの成果に従って費用対効果の均衡点を探った。結果，コーエン委員会報告書においては後のオマリー・パネル報告書（AICPA, 2000）の如き，経営者を疑ってかかる程の態度が要請されることはなかったのである。

（3）デビッドソン「期待ギャップに関わる研究」

　「財務情報利用者の期待値」の探索に関し，コーエン委員会にあってはデビッドソン（L. Davidson）の「監査人の役割と責任：パースペクティブ，期待値と分析」（The Role and Responsibilities of the Auditor: Perspectives, Expectations and Analysis, 1975）が採用されている。

デビッドソンは1964年からおよそ10年間に亘って行われていた各種調査結果を綿密に検討した。デビッドソンは特に「1974年のアンダーセン調査」,「1972年のベック調査」,「1970年のリー調査」,「1972年のハートレーとロスの調査」,「1971年のティタード調査」,「1965年のブリロフ調査[3]」,「1964年のシュルト調査」で得られた知見に基づき,財務諸表利用者が監査と監査人に対し抱く期待値を分析した。

　期待ギャップの実相を描き出すため,コーエン委員会はデビッドソンの成果に依拠しているのである。

（4）カーマイケル「不正発見義務に関わる基礎研究」

　コーエン委員会研究部長カーマイケル（D.R. Carmichael）は「不正発見のための独立監査人の責任」（The Independent Auditor's Responsibility for the Detection of Fraud, 1975）を著した。

　カーマイケルは,不正とは「その認識があるにもかかわらず重要事項を虚偽表示することにより遂行される,相手を欺く行為である」と定義づけた。そして経営者不正に関しては架空取引,未開示の利害関係者との実質性に欠く取引,未開示リスクと債務,会計処理慣行の誤った適用によりそれらが惹起されるとみた。

　カーマイケルは,1972年SAS第1号（110.5）の記述である,「監査人への責任追及は,監査の失敗が,一般に認められた監査基準へ準拠しない基準以下のパフォーマンスから惹起される場合に限られる」とする会計プロフェッション界の消極的な姿勢に疑問を呈した。そしてそのカーマイケルがコーエン委員会報告書第4章「不正発見に向けての責任の明確化」の基調を決定するのである。

　つまるところカーマイケルは,基準に従う限り監査人の責任を不問にするという規定のあり方を問題視したのである。不正発見責任に関しコーエン委員会はカーマイケルの主張を全面的に採用した。その上で同委員会報告書は,「関わる価値判断は,追加の監査コストのみならず不正発見が成功する

可能性，及び重大なエラーや異常項目が惹起される蓋然性に影響される」と解釈した。

　会計プロフェッション界の消極性の背後に既存基準の旧態性があると気付いたカーマイケルは，自ら，不正発見責任の本質を明らかにした。結果，カーマイケルはコーエン委員会報告書の価値を確固たるものにするのである。

（5）ラベル「違法行為に関わりある基礎研究」

　ラベルの研究「経営者の違法行為に関する監査人の責任」（W. Label, The Auditor's Responsibility for Adverse Management Behavior（undated））にては「違法行為の発見とその開示通報の是非判断とは区別される」（AICPA, 1978, 166）と主張された。ラベルの成果は最終的にコーエン委員会報告書が違法行為の通報に慎重になったその背後に存する。

（6）ジェニック「監査人訴訟に関わる基礎研究」

　Franklin & Marshall College の研究科長でコーエン委員会主任研究コンサルタントたるジェニック（H.R. Jaenicke）の「独立監査人に対する訴訟の影響」（The Effect of Litigation on Independent Auditors, 1977）は，「消費者運動[4]に刺激を受けた全米の訴訟件数の増加は，専門家たる者の存在がパブリックの視野に入ってきた状況を背景に置いて，監査を保険の代わりと見るような社会の変化が影響している」と分析している。そのジェニックは，「基準以下の監査に対する責任追及を止めてはならない」，「しかし他方では，裁判制度全体を変えてもいけない」（AICPA, 1978, 167）と言う。

　ところでジェニックはドレクセル大学クラークソン（C.D. Clarkson）研究所の会計学教授を務め，その後はオライリーらの『モントゴメリーの監査論』（O'Reilly et al., 11版, 1990）の執筆陣に加わった。後に彼はAICPAのプロジェクト担当役員になり「監査の有効性に関する専門委員会」たるオマリー・パネル報告書（AICPA, 2000）の編集にも貢献している。

（7）ラドフ
「裁判に影響する会計原則と監査基準の性質及びその限界の基礎研究」

ラドフ（P.L. Radoff）著の「会計原則と監査基準の役割：監査人責任に関る裁判所の決定」（Court Decisions on Auditors' Liability: the Role of GAAP and GAAS, 1975）は，訴訟に際しては，既存の会計基準及び監査基準への準拠性が会計士の抗弁事由に用いられる，かかる状況を観察していた。

ラドフは，会計原則に準拠していることが抗弁たり得なかった稀な例として，1969年に控訴審判決が下されたコンチネンタル・ベンディング・マシン社事件を挙げた。そして，すでに確立した基準に準拠してさえいれば何事も安全であると考えていた会計プロフェッション界の姿勢に警鐘を鳴らす。

ラドフはさらにハックフェルダーのケースを引き合いに出し，自己防衛型の監査に安住する会計士業界と裁判所の考え方を問題視した。その見識はカーマイケルの主張と共鳴しているかのようである。

（8）セイドラー＝マコネル
「財務諸表の目的とコーエン委員会報告書との関係の研究」

セイドラー＝マコネル（L.J. Seidler and P. McConnell）の研究成果たる「財務諸表の目的に関する研究－監査人の責任委員会との関係性」（Report of the Study Group on the Objectives of Financial Statements: Its Relationship to the Commission on Auditors' Responsibilities, 1975）では，AICPAのトゥルーブラッド委員会とホィート委員会から出された二報告書[5]がコーエン委員会に与えた影響が分析された。コーエン委員会報告書がそれらの二報告書を深く省みて所論を展開しているのはそれが故である。

（9）ハーラン，エリオット，リー
「米国社会に於ける監査人の望まれる役割に関わる研究」

ハーラン，エリオット，リー（S.D. Harlan, Jr., R.K. Elliot and R. Lea）の共同研究成果はコーエン委員会に対し「米国社会に於ける監査人の望まれる役

割」（Some Thoughts on Subject Matter and Approach, 1975）を語るように差し向けた。その結果，コーエン委員会にあっては社会の現実に鑑みて諸問題が解決されるように提案された（AICPA, 1978, 169）。

　コーエン委員会が社会をリアルに直視している背景には，当該のハーラン，エリオット，リーの共同研究の影響がある。

（10）エプスタイン「監査報告書に関わる企業株主の見解」

　カリフォルニア州立大学教授エプスタイン（M.J. Epstein）の1976年の研究は，彼が1971年から始めていた「企業株主にとっての年次報告書の有用性」（The Usefulness of Annual Reports to Corporate Shareholders, 1975）研究の成果を纏めたものであった。エプスタインが実施した調査は被験者総数1,977名から432の有効回答を得ていた。結果は回答者のうち25％が監査報告書にざっと目を通し，22％が監査報告書自体を難しく感じ，13％が彼らの投資意思決定に役立つと考え，14％がさらなる情報を欲している，というものだった。

　エプスタインは回答者の投資家としての洗練度を，年齢，保有資産，教育水準から観察し，さらにそれらを投資情報ソース毎に関連づけ多方面から分析した。結果的に「洗練された投資家は監査報告書を有用に見ている」ことが判明した。しかしエプスタインの研究では最後に「株主は監査の詳細に関心を持つわけではない」，「彼らは監査保証に至るシールの如きを求めているだけである」と断定されている。

（11）ウィーゼン「証券諸法と独立監査人」

　ウィーゼン（W.J. Wiesen）の「証券諸法と独立監査人－議会は一体何を意図していたのか」は，1933, 1934年の証券二法施行時に議会が監査人に望んでいたことの調査結果である。ウィーゼンは証拠を示しつつ，当時の公聴会にては監査人の役割が十分には理解されていなかった事実を明らかにした。ウィーゼンは，1930年代初頭，監査に対する関係者の知識不足が災い

し活発な議論がされていなかった事実を示した。ウィーゼンは「1934年の証券取引委員会の設置は監査人の役割を深く理解することの代替策だった」と言う。

■── 注

1　【コーエン委員会報告書に記された監査の失敗事例】コーエン委員会が挙げる監査失敗事例はその付録（B, 172）に収録されている全18事件である。同付録ではエクイティ・ファンディング社事件さらには ASR 第173号が扱う National Student Marketing, 及び Stirling Homex 以外に，Westec, Escott v. BarChris，それに Hochfelder v. Ernst & Ernst, U.S. Financial 事件の法廷記録番号が記されている。ところで1960年代後半に関わってはその他の事件にも注目がされよう。例えば，Yale Express 事件（1967）では監査人が粉飾に気付かず，その後同じ会計事務所のコンサルティング・チームがそれを知りながらも明らかにしなかったことが判明した。BarChris 事件（1968）では一般に認められた会計原則の不備を突く形で考案された賃借条件付譲渡による資産売却益を裁判所が否定した。さらに1136テナント事件（1970）ではニューヨーク地裁により監査業務には社長自身の費消を防ぐことも含まれるという旨の判決が出された。

2　【消費者運動を支えた社会的変化】O'Reilly et al.（1990, 144）によると「パブリックはその期待が満たされない時に法律専門家に相談するケースが多くなってきている。これは多くの弁護士が成功報酬条件で積極的に案件を引き受けるようになってきたことによる」。「財務情報に納得できない利用者に対して新規の広範囲に及ぶ救済措置が付与された。救済措置のうち監査人の立場からみて最も重要なものは恐らく集合代表訴訟（class action lawsuit）であろう」。オライリーらは提訴環境の変化が消費者運動に油を注いだと見たのである。

3　【A.J. ブリロフの調査結果】当該調査は「会計専門職に関する古い神話と新しい現実」を展望した A.J. Briloff（1966）の "Old Myths and New Realities in Accountancy", *The Accounting Review*, Vol.41, No.3, pp.484-495 の成果公表に繋がった。

4　【消費者運動と監査品質への影響】拙著（2017, 58）を参照されたい。弁護士ラルフ・ネーダー（R. Nader）による1965年発刊の書『米国製自動車に仕組まれた危険』は典型的な消費者運動の現れであり，その時代の空気感の如きが斯界にては監査人責任をも追及しようとする波に繋がったことは否定し得ない。

5　【ホィート委員会報告書の真の目的】西田（1974, 54）は1969年「ホィート報告書の目的が1933年法と34年法におけるディスクロージャー制度の効率性の再検討にあることはよく知られている」と記す。

第 **5** 章

コーエン「監査人の責任」委員会報告書に対する批判と評価

Monologue

・・・

コーエン委員会はその時代，左右にひかえる勢力から
挟み撃ちにされて動けなくなったのである。

I ■ 他の委員会と産業界を中心にする保守層からの批判

　プロフェッション界に抜本的改革を求めていた上院メトカーフ小委員会の活動は，1978年1月12日のメトカーフ上院議員の心臓発作による急逝に影響されてその後は急に尻すぼみとなる。

　メトカーフ小委員会は上院議員イーグルトン（T. Eagleton）が座長になった政府問題小委員会に継承され，その後1978年8月1日から2日間，いわゆる「イーグルトン公聴会」が開かれた。

　千代田（1987, 203）によればしかし，「すでにハリケーンは去りつつあった」。「（イーグルトン）公聴会は盛り上がらず，何の報告書も発行されなかった」。果してメトカーフ上院議員に反目していた産業界からすれば事態はようやく沈静化したと感じられただろう。

　コーエンとメトカーフの相次ぐ逝去と，政治的な環境変化とがあり，「反証が無い限り経営者は重要な虚偽表示を行っていない」と記すSAS第16号（327.10. 1977）に対し批判を向けていたコーエン委員会報告書はその後，広く受け容れられるに至らなかった。すなわちAICPAはSAS第16号のスタンスをその後も維持し続けるのである。

　しかし産業界からコーエン委員会に対し出された反論は，21世紀の今からすればいずれもコーポレート・ガバナンスの退行を認めるかの如きものだった。今に至る現代監査史を併せ見れば，コーエン委員会を批判した当時の各界の反応はおよそ不適切だったと回顧されなければならないだろう。

II ■ 研究界や議会小委員会を中心にする　改革派からの批判

　以下は今世紀中の文献に見出せるコーエン委員会報告書への批判例である。

　Singletonらの書は「財務不正発見開示法案」（FFDDA of 1986）の文言を

引用しつつ「コーエン委員会は実際の違法行為の発見と報告を徹底していな
かった」(2006, 86) と指摘している。事実，シングルトンらは特に連邦議会
からの批判，曰く「SEC と AICPA は，1986 年 2 月 20 日の監視調査小委員
会（Subcommittee on Oversight and Investigations）主宰のヒアリングが開始
される時まで，結局，何もしてはいなかった」という厳しいコメントを引用
している。

　違法行為通報に関わる業界の消極姿勢が改められるためにはディンゲル
［民主党］議員の活躍を待たなければならなかった。ディンゲルは 1985 年 3
月 6 日の公聴会にて最高裁長官ウォーレン・バーガーが，監査人に対し，パ
ブリックのための番犬となるよう求めた経緯に言及し始めた。ディンゲルは
違法行為を発見した監査人が即座に吠える（＝通報する）よう求めたのであ
る。彼は「監査人が経営者不正の通報を怠っている」と非難し，会計プロ
フェッション界と SEC とを攻めたてる。

　議会からの批判に応えて AICPA はその後，徹底した改善策を導入するた
め，「不正な財務報告全米委員会」(NCFFR) の召集へ舵をきる。そして連邦
預金保険公社（FDIC）総裁セイドマン（W. Seidman）[1]，ディンゲル議員さら
にはオレゴン州選出ワイデン（R. Wyden）議員ら全 18 名の関係者の足並みが
揃う。そのようにして 1986 年 4 月 28 日，違法行為の通報を監査人に求める
法案の成立を目指す基本合意が成立する（FFDDA, H.R.Doc.No.4886, 99th
Cong., 2nd Sess., 1986; Singleton et al., 2006, 86, 97）。

Ⅲ ■ 本邦研究者からの批判と評価

　刊行後すでに数十年の歳月が過ぎ，またその後も重要な意見書の刊行が相
次ぎ，本邦においてはコーエン委員会報告書への言及例は漸次減ってきてい
る。しかるに以下においては同委員会報告書に対する本邦研究者の受け止め
の，一端のみを記す。

　本邦にてはコーエン委員会報告書を，AICPA の総意が託された公式見解

の如く書き表している研究書が多い。例えば町田は自著にて「会計プロフェッション界の見解を代表するコーエン報告書の勧告内容」との表現を付している（町田, 2004, 41, 49）。またその他, 例えばコーエン委員会が扱った「監査人交代」の論点に関し,「AICPA の回答はコーエン委員会最終報告書においてみることができる」。そして「コーエン委員会の勧告により AICPAでは監査業務部を設け, SEC 登録会社の監査業務契約に責任を負うパートナーの7年交代制が定められた」と記している書（村上, 2018, 89）等も, 斯界では容易に見出せる。

　たとえ報告書の表題に AICPA の組織名が付されていると言えども, AICPA 会員の総意がその通りコーエン委員会報告書に託されていると考えるのなら, そうした解釈は正確性を欠くだろう。確かに「監査人の責任」委員会は,「議会関係者寄りの圧力に立ち向かう」ため, 当初は AICPA が自主的に構想し始めたものだった。しかし1972年6月にウォーターゲート事件が起り, 結果的に同委員会は AICPA から独立し, 極めて客観的な形で勧告を発するようになった。さらに他方では（同委員会報告書第9章内の「監査人の定期的交代」の箇所から分かるよう）, コーエン委員会がその最終報告書で, ファーム・ローテーションまでを含む監査人のローテーションを促したであろう, その事実もないのである。

　また本邦では, 保証業務領域の拡大余地を考える上ではコーエン委員会が当時, 何ら将来指向的な展望を示し得ていなかったという旨の指摘も多い。例えば,「会計プロフェッションは財務諸表監査における監査人の役割は情報リスクの評価であってビジネスリスクの評価ではないという監査観を背景にパンドラの箱を開けることを禁止してきた」,「この立場を鮮明にしたのが1978年公表のコーエン委員会報告書」（鳥羽ほか, 2015, 329）と見なす本邦研究者からの指摘も見出せる。

　ゴーイング・コンサーン問題の扱いに代表されるようなその種の議論の行方を思い起せば, ビジネスリスクの一象限たる企業継続性の検討を埒外に置いていたコーエン委員会報告書を, 一昔前の意見書と断じることもできるだ

ろう。しかし，繋る事実がコーエン委員会報告書の価値を損なうことはな
い。「嵐の時代」に翻弄され苦渋を重ねた法律家，SEC元委員長コーエンが
発した勧告は，AICPAの総意をその通り表したものではなく，むしろ，規
制当局側からの要望に裏打ちされていた。

　さらに言えば，例えば高田（2007, 80）は企業継続性の問題に関わり，
「コーエン委員会は監査人にはリスクや不確実性を予測したり評価したりす
る能力はないとして監査人が企業継続能力監査に積極的に関与すべきでない
とする立場を表明した」，「しかしながら1980年代に入り社会的な批判もあ
りそれまでの監査基準書第38号（1981年4月「コンフォート・レター」）は，
第59号（1988年4月「継続企業能力についての監査人の検討」）に改訂された」，
「企業継続能力の監査にかかる基準は期待ギャップ基準として整備されるこ
ととなった」の由を伝えている。事実関係はその通りだが，どうあれSEC
関係者が監査人にビジネスリスクの評価を求め，会計プロフェッション界に
対し積極的に業際の拡大を促すことはないのである。

　コーエン委員会は「嵐の時代」の悔恨に立ち，AICPAの支援を受けず，
その独立性を貫いた。コーエン自身の苦い経験を足場にした同委員会報告書
をAICPAの総意が託された公式見解の一典型と解釈し，さらにその延長線
上にAICPAの業際拡張案までを見渡そうとするなら，それはお門違いであ
る。

■——注

1 【連邦預金保険公社総裁W.セイドマンの懸念とトレッドウェイ委員会報告書】トレッドウェイ
　委員会報告書（NCFFR, 1987; 訳書, 1999, 13）は次を述べる。「FDICの総裁は（筆者注：1980年
　代前半の）銀行破産の3分の1は経営者不正によるものであったと主張している」と。なおト
　レッドウェイ委員会報告書が1980年代初めの一連の金融機関不正の反省に立ったことは同委員
　会の研究対象に相互貯蓄機関が含まれると明記されていることで判る（同, 訳書, 1999, xii）。

第 **6** 章

1980年代後半における監査改革の歩み

Monologue

■ ■ ■

コーエン委員会の精神は紆余曲折を経て
トレッドウェイ委員会に引継がれた。

I ▪ 1986年 財務不正発見開示法案

　以下，本節では1980年代中葉以降の監査改革に向けた努力を振り返る。

　公認会計士に不正の発見を求めるパブリックからの期待値は1980年代半ば[1]に再び高まりを見せる。そしてその動向は先述したように「財務不正発見開示法案」の上程に繋がる。1986年の同法案は，1985年6月のトレッドウェイ委員会（NCFFR）とともに，AICPAが抜本的改革を目指して腰を上げざるを得なくなった背後状況として理解される。

　ところで1980年代のレーガン［共和党］政権下でも，もっぱら［民主党］議員から成る改革派の動きが封じられなかった背景には相次ぐ金融機関の倒産があった。かかる事情により「1982年のペン・スクウェア銀行とドライズデール政府証券ディーラーの倒産や，ブッチャー資本の支配するテネシー州の四銀行の閉鎖，加えて1984年のコンチネンタル・イリノイ銀行の崩壊は1985年2月，下院エネルギー・通商委員会小委員会をして公聴会を開かせた」（千代田, 1987, 289）。

　往時，全米各地の訴訟にあっては時々に懲罰的損害賠償（punitive damage）までが認容される状況が明らかとなっていた。そしてディンゲル議員を座長に据えた1985年3月6日公聴会と1986年2月20日「エネルギー・通商委員会の監視・調査小委員会」公聴会とが，コーエン委員会後およそ10年ぶりとなる改革の機運を再燃させることになる。

　以下は1986年「財務不正発見開示法案」（Financial Fraud Detection and Disclosure Act, H.R.Doc.No.4886, 99th Cong., 2nd Sess., May 22, 1986）の上程経緯を示す，米国連邦議会，第99回議事録（FFDDA, H.R.Doc.No.4886, 99th Cong., 2nd Sess., 1986）からの抜粋である。

　連邦証券規制はSECによって運用されている。証券規制はこれまでSECと監査法人との連携によって維持されてきた。しかしここ数年，監査人が不正

を発見しても通報されるに至らない事態が相次いだ。それらの事例には E.F. Hutton, United American Bank, General Dynamics, E.S.M. Government Securities, Inc., Home State Savings and Loan of Ohio, American Savings and Loan of Florida, Saxon Industries, San Marino Savings and Loan of California 他がある。それらの不正は金額の大きさだけでなくパブリックからの信頼が失われたが故にその代償は途方もなく大きい。

　SEC は民間団体たる AICPA が定める監査基準を受け容れてきた。しかし現在の監査基準にあって不正の発見は重要手続にはされてはいない。現状を指摘すれば不正を考慮する実務はすべからく財務諸表表示額の多寡との兼ね合いで考えられている。例えば大会社について言えば何百万ドルあるいは何億ドルにも及ぶ会計不正が当該企業にとっての重要性の識閾未満という理屈で報告されていない事態さえ懸念されている。

　実際に不正や違法行為が発見された時，現行監査基準では監査人がその事実を経営者に伝え自らその立場を退くよう求められている。現状では監査人が不正や違法行為を直接行政機関に通報することまでは義務化されていない。さらに監査人は，意見表明をする上では被監査企業の内部統制に依拠するがしかし監査人は内部統制の十分性について意見するに至っていない。かくして多くの企業で不正が蔓延し，基準以下の監査事例，あるいは内部統制が機能していない企業が放置されている。

　10年ほど前に開かれていた上院メトカーフ小委員会の席上でAICPA と SEC は非難に晒されていた。メトカーフ小委員会にて全会一致で承認された報告書では監査人が違法行為を発見しそれらを外部通報するよう求められた。その時期に AICPA はコーエン委員会を任命したが，しかしその委員会は積極的に違法行為の発見と通報とを求めなかった。その後 1986 年 2 月 20 日になり監視調査小委員会のヒアリングが開始される時まで，結局 SEC と AICPA は何もしなかったのである。

（Singleton et al., 2006, 85-88, 抄訳）

　このように 1980 年代半ば，議会を中心にして再び，SEC と会計士業界に対する批判が沸き起こる。金融機関の倒産が続き，未通報の違法行為が数多く指摘され，1980 年代半ばには社会的な懸念が昂じて行った。そうした事態を背後にしてディンゲル議員が動き始める。そして 1985 年 10 月から 1987 年 9 月迄に為されたトレッドウェイ委員会の調査後は間を置かず，『不正な財

務報告』（NCFFR, 1987）がリリースされる。そしてそれら調査報告の成果が1988年期待ギャップ監査基準書SAS第54号「違法行為」に結実した。それにてようやく監査人が違法行為発見時に吠えることができる環境が整えられたのである。

　しかしどうあれ監査改革の道程は平坦なものにはならなかった。1986年「財務不正発見開示法案」では，監査人がパブリックを守る盾の如く振る舞うように期待されていた。しかし，蓋を開ければ財務担当役員協会（FEI）及び会計プロフェッション界他からの反対に晒され，結局その法案は成立しない[2]。そして当該法案の精神が多少なりとも発揮されるためには，その後1990年代半ばの「民事証券訴訟改革法」（Private Securities Litigation Reform Act of 1995）の施行を待たなければならなかった[3]。

　千代田（1998, 74）は今福（1988）を引証しつつ，「1986年，ディンゲル委員会の中心メンバーであるワイデン（R. Wyden）とその共同提案者18名は財務不正発見開示法案を上程した。これは明白な財務不正や違法行為はもちろん，疑わしき行為を監査人が発見した場合には被監査会社に報告した上で，90日以内にそれらが修正されなければ監査人はその事実をSECや関係機関に通知しなければならないというものである」，「結局この法案は成立しなかったが，独立監査とSECの監視体制のあり方は，1977年以来再び議会とマスコミの焦点となった」と纏めている。

　ところで，トレッドウェイ委員会報告書『不正な財務報告』（NCFFR, 1987; 訳書, 1999, 179）は，1986年5月22日付「財務不正発見開示法案」（H.R.4886）と，同年8月15日付の同法修正案（H.R.5439）の転載に及んでいる。それにては「同法修正案（H.R.5439）は下院エネルギーおよび商業委員会の監視・調査小委員会，会計プロフェッションに関する公聴会，公開企業による財務報告および証券取引委員会の監視・執行活動の成果」と明記された。トレッドウェイ委員会はそのように，ディンゲル議員らをはじめとした監査改革派が成し遂げた，努力の積み重ねを深くリスペクトしているのである。

II ■ トレッドウェイ委員会へ引き継がれた　監査改革のレガシー

コーエン委員会は委員 12 名の体制だったが，しかしトレッドウェイ委員会は遥かに大きく 88 名もの委員を擁した。1987 年トレッドウェイ委員会報告書においても重鎮 R. マウツと R.K. エリオットの関与が見て取れる。しかしそれら二委員会間で主要委員の顔ぶれに重複はない。

トレッドウェイ委員会の発起人には AICPA だけでなく米国会計学会と財務担当役員協会，全米会計人協会，そして内部監査人協会までがそれらの組織名を連ねている。そして同委員会メンバーのリストには例えばモック (T.J. Mock)，パルムローズ（Z.-V. Palmrose）さらにプレビッツ（G.J. Previts）らの名を見出せる。

1987 年トレッドウェイ委員会報告書は不正発見責任についてはコーエン委員会勧告を継承しそれらを斉唱している。その上で，全部で 49 ある勧告の多くは監査人に対してではなくむしろ CEO，規制機関そして教育機関に向け，発信された。

トレッドウェイ委員会報告書が伝える監査人が置かれた状況，特に監査報告書の厳しい提出期限，報酬や予算に掛かる圧力，曖昧で幅がある会計原則が抱える問題は，過去コーエン委員会によっても論じられていたことだった。その上でトレッドウェイ委員会は各界に対し，重ねて高品質監査の実施を要請したのである[4]。

ところでコーエン委員会とトレッドウェイ委員会はともに SEC 関係者にどうあれ率いられていたという点で相似している。しかし『不正な財務報告』（NCFFR, 1987）においても健全な懐疑心の中身については何ら具体的な定義がされなかった。同委員会においてもコーエン委員会と同様，「大部分の不正な財務報告に最高経営者が関与していたことが明らかになったことを考えれば，監査人は経営者の誠実性を当然の前提にするのではなく，職業専門家としての懐疑心を働かせて経営者が誠実であるかどうかを確かめる」こ

とが不正発見の要諦に見出された。

　そしてトレッドウェイ委員会報告書はその第1章で「破壊の程度とその影響－不正な財務報告の発生件数は明らかでない」というキャプションを掲げ，「不正な財務報告の問題を定量的に捉えようと努めたがしかしそれは不可能だった」，「訴追を受けていない不正な財務報告事例数を明らかにすることはできなかった」（NCFFR, 1987; 訳書, 1999, xvii），その事実を伝える。

　コーエン委員会もトレッドウェイ委員会も，ともに，不正な財務報告についての定量的研究の途をはっきり示せなかった。殊に，未だ訴訟に発展していない不正事例の把握は容易でないと承知されるに至るのである。

──── 注

1　【1980年代の監査環境－マテシッチの見方】R.マテシッチの書（*Two Hundred Years of Accounting Research*, 2008）の Auditing Research の叙述個所は次を述べている。「1980年代に入ってからは顕著にヨリ収益性が高いコンサルティング業務が会計事務所にとって重要になる。監査人としての倫理上のトレーニングや関わる意識を明らかに欠いているコンサルティング部門のパートナーが，高い利益を得るためにあまりに大きいモラル・リスクを抱えたまま重要な意思決定を左右していた」（2008, 204, 抄訳）と。

2　【SEC通報義務を扱う法案の否決】Ron Wyden は1990年7月に監査人に対する違法行為のSECへの通報義務を含む法案を提出した。その法案は下院を通過したがしかし上院で否決された。O'Reilly らの書（11版, 1990; 訳書, 1993, 135）はその背景に関し「産業界，特に財務担当経営者協会から強硬な反対意見が出された」と言う。そして「職業監査人は規制当局に経営者不正を直接報告しなければならないという提案に反対している。これは主として違法行為の矯正およびそれに関する報告は経営者の責任であると確信していることによる」と伝える。このように違法行為通知義務化には当時根強い反対論があったのである。

3　【違法行為通知義務の制度化：1995年民事証券訴訟改革法】先行自著（2017, 84）に記したように Palmrose（1997, 69, 抄訳）曰くは「民事証券訴訟改革法の要諦は監査人の（不正）発見・開示責任である。違法行為の発見以外について同法は特にSAS第53号，第54号，第59号，第82号への準拠を求めている」。監査人が発見した企業違法行為の行政機関への通報義務は，SAS第53号規定を受け継ぐように1995年民事証券訴訟改革法（Private Securities Litigation Reform Act of 1995）で一部分は法制化されたとみることができる。ところで同法制定により会計プロフェッション界は監査パートナーの連帯責任解除と業績予想に関する詐欺的行為禁止規定の免除という実をとることが可能になった。

4　【トレッドウェイ委員会報告書と不正通報義務の解釈】しかしトレッドウェイ委員会による経営者不正の外部通報義務に関する勧告の内容は明瞭さを欠いた。曰く「本委員会は，SECと会

計プロフェッションが，異常事項ならびに監査人の交替についての開示の時期と質を改善するための努力を引き続き払われんことを希望する」（NCFFR, 1987; 訳書, 1999, 76）の表現にとどめている。当時は 1986 年財務不正発見開示法案不成立の情勢が影響を与えていただろう。

第 **7** 章

1978年「監査人の責任」
委員会報告書の周辺
——重要な研究

Monologue

■ ■ ■

実務から距離があった往時の純粋理論研究はあいにく
所期の目標を達成できなかった。

以下はコーエン委員会報告書と何がしかの関係性を見出せる，当該委員会の前後 10 年あまりの間に発表された重要な研究成果である。ところで現代監査の最重要文献の一つと目される 1973 年に刊行された『基礎的監査概念ステートメント』（ASOBAC）に着目する上では，先ず，財務会計領域全般を論じている 1966 年に刊行された『基礎的会計理論ステートメント』（ASOBAT）の検討から始めなければならない。何故なら前者，ASOBAC は，後者の ASOBAT の，監査領域への拡張論そのものだからである。

I ■ 1966年『基礎的会計理論ステートメント』（AAA/ASOBAT）

　『基礎的会計理論ステートメント』（AAA/ASOBAT）は米国会計学会 50 周年を祝う目的で刊行され，前年に AAA の会長に就任していたロバート・マウツがその序文を書き記した。そのマウツ曰くは「AAA は会計理論全般の発展のためにこれまで一貫した活動を続けてきた」。「学会の常務委員会が 1936 年に発表した最初の完結した報告書[1] は，学会の一業績としても会計理論展開上も画期的だった」。しかしそれ以後，1940 年代から 50 年代にかけての AAA からの成果物に対して（マウツは），「それらはどれも最初のものほど注意をひいたとも，貢献したとも思われない」（AAA, 1966; 訳書, 1969, iii, iv）と記し，それ故になおさら ASOBAT の刊行に期待される旨を述べた。

　1965 年度の学会会長マウツ及び 1966 年度の同会長ミラーは連名で ASOBAT 編集委員会招集の背景から記している。曰く，AAA 創設直後の「1936 年版に始まる一連の報告書がその目的を達した現在，米国会計学会は新しく別の仕事に着手すべきと考え，1964 年度常務委員会は次なる広範な任務を持つ委員会を任命した」とのことである。

　ASOBAT の編集委員長には C.T. ヅラトコビッチが就き，その第 1 回会合は 1964 年 10 月に開かれた。同編集委員会はその後 1969 年に学会会長となるイリノイ大学教授 N.M. ベドフォードを含む全 8 名から構成されていた。

　ところで ASOBAT にはベドフォードの所論が内包され[2]，さらに ASOBAT が用いた概念枠組みには欧州ウィーン学団（Wiener Kreis）由来の現代哲学観の一部が応用された。しかしその結果 ASOBAT は実務から離れて些か難解な書となる。あいにくその書名とは裏腹に，およそ基礎的とは言い難い一冊に仕上がっている。

　実際，ヅラトコビッチは，「本質的には全く同じ考え方であるがしかしもう少し時間があれば，もっと簡潔な別の言葉で言い表すことができたと思われてならない」（同，訳書，1969, v）と反省の弁を述べる。ペイトン＝リトルトン（1940）が過去にそうしたよう，ウィトゲンシュタン［L. Wittgenstein, 1889–1951］に基礎づけて検証可能性を論じた ASOBAT が現代哲学にさえ影響されている事実を，委員長自身が批判的に回顧したのである。結局 ASOBAT は，後のコーエン委員会報告書等とは異なり実務界への直接的な貢献に繋がらない実用性に欠くステートメントになった。

　ここでは以下，ASOBAT が論じている「会計情報の諸基準」につき，監査人の価値判断に関わる基準にフォーカスをあてて説明する。

　ASOBAT が敷衍する諸基準は（1）「目的適合性」，（2）「検証可能性」，（3）「不偏性」，そして（4）「量的表現可能性」，の4基準である。それらのうち ASOBAT が特に（1）目的適合性（relevance）を重視していたことは自明である。実際，ASOBAT の第4章「内部経営管理者の為の会計情報」では，「もし，ある情報がある用途に適合しないならその情報は役立たないどころか有害でさえある[3]」と記された。そして ASOBAT は「重要な点は会計情報が外部利用者の要求に適合していることである」（AAA, 1966; 訳書, 1969, 76）と結論づける。

　しかし ASOBAT は，他方，「会計担当者は最も有用な情報を作成するにあたって検証可能性，不偏性，および量的表現可能性の基準を満足させるために，時には目的適合性の基準をある程度犠牲にしなければならない」（同，訳書, 1969, 41）とも記す。すなわち実際に目的適合性が実現されるその水準

は，相当程度まで，実務者自身の判断に依拠することを認めているのである。

　(2) 検証可能性（verifiability）について ASOBAT はそれを「同一の資料を2人以上の適格者が調べた場合，本質的には類似した数値または結論が得られなければならない」と説明する。ASOBAT 曰く検証可能性が重視される主な理由は，「情報利用者は通常，その原資料に接することができない」からである。そして「時には情報利用者が互いに利害相反にあり，そのことからしても検証可能性は重要」（同，訳書，1969, 11）である。その上で「検証可能性の基準は，財務報告の中に紛れ込む偏向の排除に役立つが，それでも財務報告は偏向することがある」と付記された。

　「会社経営陣は外部者に対して会社を良く見せようとする無理からぬ関心を持っているから，経営者の意向が偏向を生む」。そのような ASOBAT の識見は監査領域に見出される課題にも深く関わりがある。ともあれ監査人が経営者を未だ誠実視していた1960年代，ASOBAT はいち早く，経営者自身の動機づけにより財務報告が偏向する余地を論じていた。

　次に（3）不偏性（freedom from bias）は「事実を偏らず決定して報告しなければならない」と記す要請である。ASOBAT 曰く「偏向した情報も内部的にはその有用性の故に許容できる場合がある」。「しかし外部報告にあっては偏った情報の発信を認めることができない」と。

　会計基準と比べた場合，監査基準が目指すところに関わっては「目的適合性」よりも「検証可能性」と「不偏性」が重視されることは明らかである。しかしここで一つ注意されるべきことは（1974年1月の「FASB の概念的枠組みに関するプロジェクト」開始後）1980年5月に FASB が刊行した『財務会計概念ステートメント第2号』（SFAC No.2）内の「会計情報を有用にさせる特性の階層構造」（図式1）にて，かつて ASOBAT が敷衍していた不偏性が省かれた点である。

　当該 SFAC 第2号では，不偏性に代わり第二水準下位要素として中立性が掲げられた。その第2号において「中立」の意味は，「予め定められた結果を

達成し，または特定の行動様式を導き出すことを意図した偏向がないこと」
（平松・広瀬，訳書，2002, 60）と説明された。すなわち1980年代に入ってSFAC
第2号は，1970年代初頭までの類似論点を扱っていた研究成果とは異なり，
予め情報バイアスや偏向の存在を前提とした概念や構想を確立せんとした。
1980年SFAC第2号は，それ以前の時代に求められた不偏性を断念し，代わ
りに中立性を前面に打ち出した。そのようにすることで情報バイアスを積極
的にコントロールすることに取り組む，狙いがあったと見られる。

　その期に至り不偏性が財務報告上の第一義的なメルクマールでなくなった
事実は，1970年代以降顕著になった会計の政治化と，止むことなき経営者
不正，そして「会計上の保守主義の適用さえも不偏性貫徹の趣旨には反して
いる[4]」と記す1971年トゥルーブラッド委員会が示した卓見にさえ関わる点
である。

　さて本邦研究者の対 ASOBAT さらに，対ベドフォード評にあたれば，
「ベッドフォードがブリッジマンの物理学的操作主義に強い影響を受けてい
ると推測することは自然である」（高松, 1983, 81）という叙述に遭遇する。理
論的規範形成のため，ベドフォードが手繰り寄せた物理学者ブリッジマン
[P.W. Bridgman, 1882-1961] の「概念本質論」の下，「ある一つの概念は一組
の操作の説明に過ぎずそれが存在している環境においてのみ妥当性を持つ」。
そしてその上で，「ある一つの概念をとりまく一組の操作についての記述が
なければその概念は正確な意味を持たない」（伊藤, 2011, 104; Bedford, 1965; 大
藪・藤田共訳, 1984, 9）。

　すなわち ASOBAT をリードした，ベドフォードが傾倒していた科学観思
考に絡めては，操作性を軽視した理論や概念は「形而上学の戯言」あるいは
「実りない空論」に陥ると危惧される。

　そして ASOBAT は，「会計学は経済学および管理技術の進歩に遅れては
ならない」，「このことは今よりも一層広範に数量的な方法を用いるように要
求する」（AAA, 1966; 訳書, 1969, 20）と言う。そして ASOBAT のその指摘は

20世紀後半の会計学研究の道筋を示すものとなる。そしてまた，その方向性こそは「ウィトゲンシュタインによって提案された基準は，命題の意味は検証の方法であり，それゆえに検証可能性の無い言明は無意味として排除される」（廣末ほか, 2006）という現代哲学者らの思考に重なる点である。

　ASOBAT以降は多くの会計研究者が，形而上学のまどろみから抜け出すべく分析的哲学や論理実証主義に傾倒しそれらの成果を競い合った。その事実こそはASOBATが学会に齎した大きな変化である。果して「バークレーの唯物論的な言語哲学－それが含意している意味の理論の不当な狭量さをポパーは批判しているけれど－」が代弁するよう，「利益たるは決して観察し得ない」，「観察し得るものは表出した現象にすぎない」（高松, 1983, 82）。

　しかるに新たな関心の矛先は，いかに操作主義に立脚し，財務諸表たる写像を用い，利益の実態を緻密に表現するのかという点に向けられる。その局面に，操作主義を指向して取り組んだASOBAT，なかんずくベドフォードに対し，斯界の多くの研究者が敬意を表したものと察することも可能である。

　コーエン委員会を支えるために会計史実の検証にあたったメリノは近年，次のように述べている。「ASOBATが会計基準策定それ自体に齎した変化は僅かだった」，「しかし当該のステートメントが意思決定有用性に焦点をあてたが故に1970年代の先験的研究の礎が作られた」（2013, 1802, 抄訳）と。1970年代の先験的（＝ア・プリオリ）研究はまさにASOBATに依拠して促進されてきたのである。

　ところで，結局のところ『基礎的会計理論ステートメント』編集委員会の所期の目標は成就されたのかどうか。ASOBATはその巻末にて，些か奇妙ではあるがR.H.モリソン委員の自虐的な批評を載せている。曰く，結局のところASOBATは「会計情報を取り扱うための一組の健全な会計原則の基礎理論という意味での基礎的会計理論に益するところはほとんどない」（AAA, 1966; 訳書, 1969, 136）と。

　モリソンは，ASOBATの編集委員会が当初の目標にしていた「一組の健全な会計原則の基礎理論の提示」が成功しなかったことを認めた。そして当該モリソンの否定的な結論は，1966年ASOBATの続編となるよう目指し1977年に刊行された（後段の本章第Ⅲ節で論じる）『会計理論及び理論承認ステートメント』（AAA/SATTA）の第4章「合意を得ることの困難性」へと繋がって行くのである。

Ⅱ ■ 1973年『基礎的監査概念ステートメント』（AAA/ASOBAC）

　ASOBAT刊行3年後の1969年にAAA常務委員会は「監査概念委員会」を召集した。その委員会にてはミズーリ大学のシルボソ（J.A. Silvoso）をはじめ，全10名中8名が研究者だった。そして他2名はアーサー・アンダーセンのA.R.ワイアットとハスキンズ・アンド・セルズのK.W.ストリンガーだった。

　彼ら委員会メンバーは監査理論の確立を指向し「監査の概念的かつ探索的な側面を強調」し始めた。畢竟ASOBACは「監査の思索家」（audit thinkers）の如きを満足させられる史上初の公式ステートメントとなるように期待される。

　およそ2年間の活動を経て，1973年にAAA監査概念委員会は『基礎的監査概念ステートメント』（A Statement of Basic Auditing Concepts: ASOBAC）を刊行する。そのステートメントは，その12年前に監査理論の確立を目指していたマウツ＝シャラフの書（1961）を讃えた。そしてASOBAC編纂委員会それ自体がマウツらの研究成果に影響されている事実を認めた。

　しかしASOBACは，被監査経営者を誠実と見るマウツらの監査公準についてはあえてそれを批判する。すなわちASOBACは「マウツ＝シャラフは監査人と経営者との間に利害対立はないという有害な仮定を披瀝している」（1973, 27-28, 抄訳）とさえ言う。これにてASOBACは，1960年代初めのマウツらの監査公準がもはや時代遅れだと見抜いたのである。

ASOBAC は全58頁のコンパクトなブックレットに仕上がっていた。その第3章では ASOBAC の目的が「監査プロセスを概念化すること」(1973, 19, 抄訳) にあると記され，特に「探索的プロセス」のパートに紙幅が割かれた。そして同章では「監査上の探索は科学の問いに匹敵するレベルであるということについて同意が得られた」と記された。

ところで ASOBAC はその書の随所で，チザム [R.M. Chisholm, 1916-1999]，ラッセル [B.A.W. Russel, 1872-1970]，ルイス [C.I. Lewis, 1883-1964] ら，その時代に米国内で注目を浴びていた科学思想家らの知見を引用している。その結果，ASOBAT と同じく ASOBAC も，科学や現代哲学の思考方法を色濃く身に着けた一冊になったのである。

そして先述 ASOBAT が敷衍した会計情報の4基準に対しては ASOBAC も逐次，検討を加える。その上で ASOBAC はひとたび「監査職能は ASOBAT の4基準のうちでは不偏性と最も相関性がある」(1973, 3, 抄訳) と結論づけた。

ASOBAC では「知覚 (perception) に基づいた監査人の認識の本質」が語られ (1973, 28, 抄訳)，その上で監査の品質を上げるため，証拠観察のあり方までが論じられた。曰く「我々が観察する対象たるは，実は我々がその観察方法を知っているものに限られている」。それ故，「我々が教育，経験，想像力及び懐疑心を働かせてしようとすることは目に見える以上のもの (more than meets the eyes) を見ることである」(1973, 30, 抄訳) と。その箇所は ASOBAC が直に懐疑心を説明している限られた一節である。

ASOBAC はマウツらに続き，1970 年代初め，その書の中ではいち早く懐疑心という語を用いた。しかし ASOBAC は懐疑心を，実際の不正発見の実務手続に落し込まなかった。すなわち ASOBAC において懐疑心は実際の要請にはならず，それは単なる理念に留まった。ASOBAT と同様，実務から距離を置いて編集された ASOBAC は，どうあれ正面から経営者不正を糾弾するまでには至らなかったのである[5]。

ASOBAC は実務の改善に結びつく研究成果にはならなかった[6]。またそれ

は不偏性を重んじていたが故に，不偏性に代わり，1980年のSFAC第2号により中立性が訴求されてからは顧みられることが少なくなってしまった。

Ⅲ ■ 1977年『会計理論及び理論承認ステートメント』（AAA/SATTA）

ASOBAC刊行と同年1973年にはノースウェスタン大学教授レブスン（L. Revsine）[7] を委員長にしてAAA「外部財務報告書概念及び基準委員会」が組織されている。委員9名全員が研究者であり，主要メンバーにはスタンフォード大学のデムスキー，チュレーン大学のS.A.ゼフ，さらにAAA研究担当部長でライス大学にて教鞭を執っていたR.R.スターリング[8] が含まれた。

レブスン曰く同委員会の目標は「ASOBATと同様，会計理論について現在の考え方を調査し抽出したステートメントを書く」（AAA, 1977; 訳書, 1980, v）ことだった。すなわちSATTAにはASOBATの続編になるよう大きな期待がかけられた。そして，書の前書きではレブスン自身によって，目指される成果が「現代の文献に見られる支配的な理論的見方を総合するだけでなく，会計思想を学ぶ人々の教材としても役立つことを願う」（vi）と記された。

刊行までには4年もの歳月が費やされたが，しかし2年間の委員会活動中，会議の招集は8回にとどまった。仕上がったステートメントは薄手のブックレット[9] であり，第4章には「合意を得ることの困難性」が記された。その困難さを直に伝えるかの如く，同章の要約箇所（AAA, 1977; 訳書, 1980, 107-108）にては，「いろいろな会計理論および理論的接近法があるということは，幾つもの対立するパラダイムが存在することを意味している」，「特定のパラダイムの擁護者は，ある提案を擁護するにあたって論理や経験よりむしろ説得に依存せざるを得ない」，「主としてそこで行われる転換は，感情に左右されない知的現象というよりむしろ心理の問題である」等と記された。

すなわち往時，会計理論についてはその客観性と普遍性が担保されておら

ず，また関連当事者の心証たるは他者の説得による感情移入の形で言わばな
し崩しで形成され，個別理論の優位性は客観的な形で見定められてはいない
という結論が記されたのである。

　そのような事情の故にSATTAは，百家争鳴の結末のように散在していた
既存理論を収斂させる，そのモーメンタムを持たなかった。その書は，「理
論対立が生じ混沌に至る」失敗のプロセスを記述し，それにて終わってしま
うのである。結果，同書に託された見識は陰鬱ささえ放つ。

　振り返れば20世紀会計理論の目標は，ペイトン＝リトルトンが『会社会
計基準序説』(1940) に記したメッセージに遡ることができる。先ず以って
そこでのペイトンらの目標は「基礎的な概念を総合的に織りあわすこと」
だった。ペイトン＝リトルトンは，「会計理論とは，脈絡ある相互に斉整さ
せられた，首尾一貫した理論体系」(a coherent, coordinated and consistent
body of doctrine) であると記していた。そして当時，彼らは，もし必要とさ
れるなら「これを会計基準という形式で簡潔に表現することもできる」
(1940; 訳書, 1958, 1-2) と信じていたのである。

　昔日のペイトンとリトルトンと，その後のムーニッツらの時代，すなわち
20世紀半ば，確立公準[10]上に展開される理論は，纏まりよく収斂させ得る
と[11]考えられていた。そして往時の会計研究者らは飽くことなくその目標の
達成に挑んだのである。

　翻訳にあたった染谷恭次郎宛の読者挨拶文にてレブスンは，「私達の文書
はペイトン＝リトルトンの会社会計基準序説および ASOBAT の上に築かれ
ている」(AAA, 1977; 訳書, 1980, ii) と書き記し，SATTA 以前の先行研究の
価値を讃えた。しかしレブスンらは結果的に「会計プロフェッションが直面
する多くの差し迫った問題にはどれひとつとしてやさしい理論的な解答はな
いという見方が十分に証明されているから，その企てはまた無駄に終わろう
としている」(AAA, 1977; 訳書, 1980, v) という結論に帰着させたのである。

　20世紀前半にペイトンとリトルトンが目指していた理論の収斂プロセス
は，1966年の ASOBAT を経て，1977年 SATTA に至り諦観され，断念さ

れた。20 世紀哲学の論調，科学思想の浸透，さらには政治力学の介入により，会計公準上に原則と基準を置いて理論統合を図る狙いは現実味を失った。そして 1970 年代に至ってはノイズやバイアスの干渉を避け得なくなり，SATTA は結局，ASOBAT の続編となることを放棄する。そしておよそ1970 年代末以降，会計公準論全般は省みられなくなり，その種の議論は輝きを失う。

　なおここで，念のため，当時の研究者らが積極的に取り組んでいた個別研究テーマ名を幾つか挙げておこう。例えば，「SATTA では株価とアブノーマル利益の関係性等の利益関わる研究，次いで利益フォーキャスト及び利益フォーキャストと情報コンテントとの関係性」の見極めに至る，ミクロ視点から構成される研究テーマが議論されていた。実のところはそうした状況が，総合的な理論を導き出す可能性につき ASOBAT 及び SATTA にて悲観論が示される結果に結びついたと思量される。

　すなわち 1977 年 SATTA においても，1966 年 ASOBAT のモリソン委員評と同じく，企ては無駄になるのである。これにてペイトン＝リトルトン(1940) の業績の延長上に措置される唯一の基礎的会計理論たるは何処にもないことと判明したのである。

　ここで哲学界が蓄えた一つの教訓を引用しておこう。曰く，「現代の分析的認識論の下，真の知識の獲得は不可能であるとされた」。「しかしそれでもなお正当化可能な心証に近づこうとする議論が展開された」。「そうした議論にあっては結論をどう受け入れるかではなく，むしろそこでの思考の態様が示唆している事柄にこそ気づくべきなのである」(Greco, 2008, 9, 抄訳)。哲学界の第一線にいる研究者のそうした見識は，奇妙なことに，「普遍的に認められる唯一の基礎的理論は存在しない」という結論を下した SATTA の主張と重なるように思われる。

IV ■ 1978年アブデル・カリク＝ケラー編
『実務と開示に与える会計学研究の影響』

　コーエン委員会活動が佳境にあった1975年12月，全米，気鋭の研究者30名を集めてデューク大学にてハスキンズ＆セルズ基金協賛シンポジウム（以下，デューク・シンポジウム）が開催された。そのシンポジウムの名称は「財務会計における会計研究のインパクトと会計実務に関わる開示」（The Impact of Accounting Research in Financial Accounting and Disclosure on Accounting Practice）だった。会場にはベドフォード，ホーングレン，カプラン，マウツ，ムーニッツ，レブスン，スターリング，スプルーズ，そしてアンダーセン会計事務所のワイアットさらにはSEC主任会計官のバートンらが集まった。

　シンポジウムの討議内容は後にアブデル・カリク（A. Rashad Abdel-Khalik）らにより一冊に纏められた。その書にあっては1970年代，米国の第一線の研究者らがどのようなモチベーションを持って会計学研究に邁進していたかが窺い知れる。

　以下はアブデル・カリク＝ケラー編書の序言からの抜粋である。

　総勢30名が集った本シンポジウムでは研究と実務の相互作用を体系的に評価することが目標になった。検討された研究態様は（1）先験的（a priori）研究，（2）実験的（experimental）研究，そして（3）過去に為された観察結果の分析，それぞれだった。

　本シンポジウムで選ばれた研究成果は，主として過去10年間に実施された接近法と研究方法論に的をあてたものである。事前から予想されていた通り，研究が実務に及ぼす影響はすでに合理的な程までに明らかである。しかし，時として研究と実務の繋がりが顕著でなくなることも事実である。

　我々は，斯界の最新状況に関わる討論をした後に，会計学研究の将来指向性について検討した。そしてこのデューク大学シンポジウムでは，研究者と実務者間で有効性あるコミュニケーションを促進することのコミットメントがなされた。　　　　　　　　　　（1978, Preface, ¶ 1, 2, 4, 抄訳）

アブデル・カリク＝ケラーの編書は1970年代のア・プリオリ研究の意味と意義を伝えている[12]。その書の構成は以下の通りである。

第1部　先験的研究（A Priori Research）
　　　　N.M. Bedford「先験的理論の影響と会計実務に関する研究」
　　　　討議：H.R. Anton 及び M. Moonitz
第2部　実験的及びサーベイ型研究の影響
　　　　T.R. Dyckman, M. Gibbins, R.J. Swieringa「財務会計領域における実験的およびサーベイ型研究」
　　　　討議：K.P. Johnson 及び F. Pomeranz
　　　　討議：R.S. Kay
第3部　実証的（Empirical）研究の影響
　　　　R.S. Kaplan「財務会計数値の情報コンテント」
　　　　討議：R.K. Mautz
　　　　討議：C.A. Werner
第4部　ここから何処へ向かうのか
　　　　将来研究の方向性　F.T. Weston
第5部　会議成果の統合　N. Dopuch

　ところでその書の第1部に記された「ア・プリオリ」の語源は，数学や自然科学と同様に，哲学においても普遍的な思考方法の貫徹を目指していたカント［I. Kant, 1724-1804］の「超越論哲学」にあると伝えられている。畢竟，カントを標榜すれば，先験的方法を採る研究者は皆，「ア・ポステリオリ」に獲得される知識に先立ち，実際の経験に依拠せず築かれる「ア・プリオリ理論」の抽出に挑むこととなる。

　後年に至ってはマテシッチ曰く，デューク・シンポジウムで推進された「1970年代のア・プリオリ研究はもっぱら会計情報とそれらの情報のゴールとに光を当てていた」。しかるに往時の先験的研究の類型と，その属性とに関わり，「研究上の関心はもっぱら，人的資源会計[13]を含む人間行動学的研

究，基準策定に起因する経済的結末，利益予測と株価反応等に注がれた」
（2008, 195, 抄訳）との由である。

　当該シンポジウムに関わっては「ア・プリオリ研究の成果は実務にあって
も利用可能である」（Abdel-Khalik and Keller, 1978, 3, 抄訳）と主張するベド
フォードが，書の第1部の執筆を担った。ところで当時のベドフォードはヨ
リ上位に位置する理論を引き出そうとし，曰く，「理論中の理論」（Theory-
of-Theories）へ接近しそれを抽出することを目指していた様子である。

　ベドフォードは，本書執筆の際には過去12年前に執筆されたASOBATに
つき，「ペイトン＝リトルトンの理論構造に比べればASOBATは些か緩く
編纂されていた」（1978, 7, 抄訳）と回顧した。そして「ASOBATの幅広い枠
組みは会計学に柔軟性を与えたが，しかし新たに知覚される現実を前に，そ
の輪郭が鮮明な実務政策も原則も供し得ていない」（1978, 11, 抄訳）と省み
た。すなわち1970年代半ばに至り，過去においては自らが中心になり
ASOBATを完成させたベドフォードまでが，ASOBATの固有の限界に言
及するのである。そしてその事実はあいにくムーニッツの次のコメントにも
符合している。曰く，「AAAから出されたものの影響は計り知れない」，「け
れども，それは明白な形で会計士業の実戦的武器に直接的影響を与えるに
至っていない」（1974; 訳書, 1979, 20）と。

　当該アブデル・カリク編書の最終章，第5部「統合」のパートではシカゴ
大学教授ドパッチ（N. Dopuch）が「研究論文の技術的様式性の故に，実務者
をしてかえってそれらを読破する情熱を失わせているという意見があった」
（1978, 217, 抄訳）と報告している。そのドパッチは，「研究成果の優位性を審
査する上では（事前に）フィルターを設けておく必要がある。他方で研究者
は実務者に対し，研究成果が齎すインプリケーションを伝えておく必要があ
る」，「今回のシンポジウムはその目的を達成するための一つのメカニズムに
なろう」（1978, 217, 抄訳）と締めくくった。すなわちドパッチは，先端的研
究を推進する上では事前選別のフィルターが必要になるが，しかし実務者の

多くはそのハードルの高さの故に優れた研究に追随できてはいないその状況を指摘した。畢竟ドパッチはそれにて，実務者と研究者間の研究能力の差に言及した。そして研究者と実務者間の共同研究について，前途は多難であると示唆したのである。

　当時第一線の研究者らは，実務者にとってはハードルが高い先験的研究方法に深く関心を寄せていた。そして彼ら第一線の研究者のうち，産業界や実務界の出来事に関心を寄せる層は，後述するロバートソンの如き実務重視型の研究者を除けば多くはなかった。結果，実質的な施策を推し進めようとする市場監督者側と，他方で純粋理論を追究しようとする研究者らの距離は放置されたままになる。

　1970年代半ばの当該シンポジウムでは，皮肉にも，研究者が実務者を戸惑わせているだろう状況と，学会と実務界との間の不協和音の如きが窺われた。そして次に紹介するシャンドルの書も，当時のそのような事情の一端を描写するのである。

V ■ 1978年シャンドル 『監査の理論—評価，調査と判断』

　コーエン委員会報告書と時期的にも内容的にも同期している理論書の代表として以下，ここでシャンドル（C.W. Schandl）の『監査の理論—評価，調査と判断』（*Theory of Auditing: Evaluation, Investigation, and Judgment*, 1978）を省察しておく。

　シャンドルはその書の冒頭で，「本書を誤った判断，嘆かわしい監査，そして誤った意思決定の被害者に捧げる」と言い，特に「監査の失敗」によりパブリックが被る損害について慮っていた。その書は理論書ではあるものの，しかし現実を直視し，監査のコミュニケーション側面を重視していた。書の構成は以下の通りである。

　第1章　定義と公準（The Definition and the Postulates）

以下，同書序言からの抄訳である。

> 筆者は1969年から1975年の間に本書を執筆した。もっぱら1969年以降に起きた一連の出来事は我々に包括的な監査理論（comprehensive theory of auditing）の必要性を意識させた。ところでそうした包括的な理論は，哲学と心理学の基盤上に打ち立てられるべきである。
>
> 筆者は本書にて，意味論に関わる哲学，コミュニケーション理論，さらには思考の心理学の知見を一つに纏めようとした。そしてそれらを評価プロセスと判断局面とに応用しようと試みた。
>
> 監査に関わる諸活動，コミュニケーション・プロセス，そして思考の深奥に位置する基盤を探索するために筆者はできるだけ広い視点から定義づけを試みたいと思う。その基盤たるは問題解決に役立ち，関わる判断局面に適用されることだろう。
>
> ・・・
>
> ところで本書初稿の一部は1971年6月と1974年6月にカナダで開かれたAAAの会合に提出された。1970年にレキシントンで開催されたAAAの会議に提出していた拙稿も在る。私はそれらがASOBACに影響を与えたと自負している。
>
> （Schandl, 1978, ix, 抄訳）

シャンドルはASOBACと同様にマウツ＝シャラフ（1961）に敬意を表していたが，他方でその書の序言にては或る一つの逸話を挙げている。曰く「ガリレオ・ガリレイは同僚の科学者に望遠鏡を差し出した際に周囲の敵対

的な感情を感じとった。ガリレオの同僚らは望遠鏡を覗き込むことを拒否した。最後に覗き込んだ者は望遠鏡の中に絵を書き込んだとしてガリレオを詐欺罪で糾弾した」。「しかし本書の執筆者が詐欺罪で糾弾されることはなかろう」（Schandl, 1978, x）と。

　書の冒頭から上記の逸話を持ち出すシャンドルは，歯に衣きせず監査の窮状を嘆く自らが，異端視される惧れあり，と憂慮していたのだろうか。実際，シャンドルは，「監査人はフラストレーションを溜めて些かも発展性が感じられない場に閉じ込められている」，「マウツ＝シャラフ等の限られた文献を除いて，この 150 年間で監査ほど文献が少ない領域はない」と率直にものを言い，自らの問題意識を顕にした。

　シャンドルの文章はコーエン委員会報告書と同様に平易で理解しやすい。曰く「監査は単に過去に関わる仕事であると信じられ，これまではそれが科学性を帯びた会計士の活動と認識されたことはなかった」。「これまで監査は他の専門家が過去にしていたことを真似すればできることと誤解されてきた」。「今でも監査に関しては適切な定義づけさえ為されていない」。「ひとたびよき定義が為されれば，係る知識体系が決定されよう」と。

　そしてその書の本題に絡めてはシャンドル曰く「理論は現象を説明するためにこそ存在する」。「理論は現象を要素に分けるために役立つ」。「理論は，情報を蓄えてそれらを再度引き出す際にも役立つ」。そして理論とは「我々の認識プロセス，すなわち一般化と抽象化の結果である」と説明された。

　そして「包括的な監査理論」確立のニーズに関し，シャンドルは次のように結論づける。すなわち，「もしも理論が存在しなければ我々は外界の多様なデータに押し潰されてしまう」，「理論たるは学んで記憶し，教育にあたる局面を易くする」，「構築的な理論なしに下される指示は，学ぶ側からすれば何ら効果的なものではない」と。

　シャンドルは，AAA 会長職を二度歴任し AIA の用語委員会委員長としての経験も豊富なエリック・コーラー（E.L. Kohler）[14] の『会計学辞典』（第 3 版，

1963）を参照しつつ，「監査とは規範遵守の程度を見定めて意見形成を為す評価過程」（1978, 4, 抄訳）であると定義した。そしてそのコーラーの見識にも順じ，「監査職能はそれ故，コミュニケーション過程の重要な一部分」（1978, 5, 抄訳）であると言う。

　コーエン委員会が活動していたその時代，シャンドルもそのように，コーエンらと同じく監査をコミュニケーション・プロセスと見ていたのである。そして彼は「コミュニケーション過程の障害」を詳しく論じるために独立の第4章を設けた。そのようにしてシャンドルは，関わる視座をコーエン委員会報告書第7章「情報利用者と監査人との間のコミュニケーション」と共有している。

　その他，第6章「手続」にてシャンドルは，「人々は監査手続を狭い意味で考え過ぎている」（1978, 122, 抄訳）と言い，監査証拠の検討上はヨリ調査的な，聞き込みの態度（inquiry）[15]こそが大事であると主張する。

　そして最終章の第8章では監査人の独立性が論じられた。その章でシャンドルは独立性を「他者による影響，ガイダンス，支配から自由であること」，「強大な支配グループやシステム等々に従属せず，かつまた係っていないこと」（1978, 192, 抄訳）と定義した。さらにシャンドルは読者に，独立性が損なわれている状況をわかりやすく例えようとし「もしも他者が私に銃を向けてきたら私は直ちに独立性を失う」，「私は支配下に置かれて正しい意見や判断を伝えられなくなる」（1978, 193, 抄訳）等と説明する。

　独立性の危惧に関わってシャンドルは自分の経験談をも披瀝し，「私は自分が監査に携わっていた頃に一人のパートナーから言われたことを記憶している。顧客とどのような関係にあってもよい。しかし絶対に顧客を失うな，と」[16]。「そもそもそのような状況の一体どこに独立性が見出されるのか」。「実際には競合する監査法人はいずれも新しい顧客をリストに加えて収益が上がればそれでよいと考えている」。「結果はグレシャムの法則，すなわち悪貨は良貨を駆逐する，である」。「現実の世界に生きていて一つの解決策に辿り着くことは難しい。監査人とその家族は生計をたてていかなければならな

い」(1978, 194, 抄訳)。以上の如くシャンドルが発したメッセージは彼のリアルな経験に立脚しており，その点で，「会計士は利益追求集団の一員」と断じたコーエン委員会報告書（AICPA, 1978, 104）の記述に相似しているのである。

　シャンドルの認識がデューク・シンポジウムに集った純粋理論研究者らによりいかに評価されたかは不明である。また当該業績が包括的な監査理論の樹立に成功したかどうか，その評価は難しい。ともかくも彼は自分自身の経験を基礎に置き，意味論的に，コミュニケーション論的に，そして心理学をも意識しながら，現実味のある監査理論を確立したいと切望していたのである[17]。

Ⅵ ■ 1976年ロバートソン『監査』

　テキサス大学オースチン校教授ロバートソン（J.C. Robertson）の著書は1970 年代米国の代表的な監査テキストである。その書では懐疑心の局面が第 2 章「潜在的な利害対立」(1976, 31) にて論じられている。ロバートソンは「健全な懐疑心」と「中立性」に言及してコーエン委員会報告書を暗に援護した。実のところ下記枠内のメッセージはマウツ＝シャラフが掲げた監査公準に対するアンチテーゼになっている。

　　目下の社会環境からすれば新たに措置される監査公準がある。それは「被監査企業の経営者と監査人との間に潜在的な利害対立がみられる」というものである。監査人はこれまでそのような公準を前提にしていなかった。1970年代半ばまで監査人は被監査経営者との間にあえて利害対立の余地がないと考えようとしていた。しかし賄賂やキックバックを含む不正が蔓延してパブリックは監査人が自発的行動を起すよう求め始めた。
　　監査人と被監査経営者との間に常に潜在的な利害対立があると念頭に置く

ことは，監査人に監査計画を立てる段階から財務諸表に重大な影響を及ぼすエラーや異常項目の発見を求めることに繋がる。こうした傾向は監査人に拡張的な手続の実施を求め，結果的に顧客に経済的な負担をかける。もちろんそうした状況は，実際にはエラーや不正を伴わない多くの監査実務[18]に際して望まれはしない。それにもかかわらず監査人は，経営者の誤った振舞いに対抗すべく全ての監査で何がしかの手続を実施するようになった。

　監査理論たるは（監査人と被監査経営者間の）永遠に続くであろう潜在的な対立に関わりを持つ公準を含む。しかるに監査人の「信念」たるものに関わっては一層の注意をしてしかるべきである。ひとたび監査が始まり，エラーや異常項目の発見を目指す手続が実施され，しかしそうした事態が何も発見されないと，監査人たる者は結局，証拠が得られずに終わったその見かけの事態を容認する。そして，疑いの色合い（overtones of suspicion）とでも表すべき当初の疑いの意味は没却されてしまう。

　正当な注意の実践は監査人に健全な懐疑心を求める。それは経営者によって，口頭，書面あるいは会計記録に織り込まれ表明される全ての重要なアサーションに疑いを投げかけ，それらをテストしようとする気概である。

　しかしながらこうした監査人の懐疑の態度は経営者の誠実性に関わる率直な見立てと均衡が取られなければならない。監査人は全ての経営者が不誠実であると考えてはいけないし，逆に経営者はそもそも誠実な存在であるという盲目的な仮定をしてもいけない。大切なことは監査人の客観性にあり，合理的かつ支持され得る意思決定に必要な証拠を収集しようとする監査人の姿勢である。　　　　　　　　　　　　　　（Robertson, 1976, 31, 抄訳）

　上記のように監査人に懐疑心の保持と中立性とを求めるロバートソンの考え方は，コーエン委員会のそれと全く同じである。ロバートソンは，コーエン委員会が言う中立性を仔細に敷衍し，コーエン委員会勧告に従うべきことを示唆したのである。

　上述したシャンドルも，このロバートソンも，デューク・シンポジウムのメンバーではなかった。実務界でのニーズを重視したシャンドルやロバートソンらと，他方でベドフォード，スターリングらとは，同じく研究者であると言えども関心の矛先が違っていた。1970 年代の第一線の研究者らはもっぱら，「理論中の理論」を導出するため，先験的な研究に関心の的を絞って

いた。他方で監査の現状を懸念する実務指向の研究者らは，実際の不祥事から教訓を得て，それらを有益な勧告や提案に置き換えて発信しようとしていた。

その時代にあっては誰もがコミュニケーションを重視すべきと唱えていた。しかし実際にはそこでのコミュニケーションの意味が違っていた。例えばベドフォードは操作主義に基づくコミュニケーション・セオリー・アプローチ[19]に強い関心を持っていた。他方でシャンドルやロバートソンさらにコーエン委員会メンバーらは，ともかくも関係者間の意思疎通を促し，結果的に期待ギャップを減らすことを目指した。すなわち1970年代にては誰しもがコミュニケーションの大切さを言いながら，論者それぞれ，主張内の含意は同じではなかった。万事は同床異夢に終わったのである。

ところで学会と実務界とのアプローチに大きな違いがあったことは，デューク・シンポジウムのみならず他にも，例えば1971年5月AAA「研究方法論委員会」(Committee on Research Methodology)[20]が開催したアカウンティング研究コロキアムのコンテンツからも推察されることである。

Ⅶ ■ 1988年フリント『監査の原理と原則』

10年の隔たりがあれども英国のデビッド・フリント［D. Flint, 1919-2017］の著書がコーエン委員会報告書と関連性がある事情は，マウツとフリントがともに期待ギャップを論じている点，さらにコーエン委員会報告書とフリントの研究間で相互に文献レファレンスがされていることで判る。実際，コーエン委員会報告書 (AICPA, 1978, 5) はフリントの『現代社会における監査人の役割』(Flint, 1971, 288) を参照し，それを直に引用している。

マウツはかねてより親交[21]があった元スコットランド勅許会計士協会会長かつグラスゴー大学名誉教授，元欧州会計学会 (EAA) 会長フリントの『監査の原理と原則』(*Philosophy and Principles of Auditing: An Introduction*, 1988) に前書きを贈った。

その中でマウツは，甚だ率直に，過去には研究者が実務者を混乱に陥れるような事態があったと認め，彼自身，次のことを述べている。「研究者と呼ばれる理論家達は折々に異なる見解を主張してきた。理論家は慎重に構成した論拠に基礎づけながらも，会計士や監査人に度々，相当異なる活動や責任を求める結論を導き出していた」（Flint, 1988, Foreword, x, 抄訳）。そうしたマウツの言葉は，1970年代にあっては多くの研究者が実務から離れ，先験的研究にのみ邁進して結果的には実務界を戸惑わせ，両者間の距離が開いていった状況を察した上のことである。

　ところでフリント論の特徴は，監査のニーズを社会的な文脈から捉えその価値を見ている点に見出せる。実際，マウツ曰くは，「フリント教授は社会が監査に対して要求し過ぎることも認めないし，また監査が社会に提供することが少な過ぎてもこれを認めない」。その点からしてフリントの文献は，コーエン委員会報告書と同様，期待ギャップの実相を見極める上で極めて重要である。フリントの『監査の原理と原則』の構成は以下の通りである。

　　第Ⅰ部　理論　（Theory）
　　　第1章　監査：社会的概念（Audit: The Social Concept）
　　　第2章　基礎的公準　（Basic Postulates）

　　第Ⅱ部　権威　（Authority）
　　　第3章　能力（Competence）
　　　第4章　独立性（Independence）
　　　第5章　倫理（Ethics）

　　第Ⅲ部　プロセス（Process）
　　　第6章　証拠（Evidence）
　　　第7章　報告（Reporting）
　　　第8章　重要性（Materiality）

第Ⅳ部　基準（Standards）
　第9章　正当な注意と過失（Due Care and Negligence）
　第10章　実践基準（Standards of Practice）
　第11章　品質管理（Quality Control）

　監査を語るその目的でシェイクスピアから『アテネのタイモン』[22]を引用するフリントは，「以前に比べれば，合理的な注意と技能の基準はなおさら厳格になった」と述べつつ，しかし自著内にては直接，懐疑心を持ち出さずに正当な注意の実質を説明した。そして正当な注意の水準を上昇させ，期待ギャップを減らすためには，「監査人は関係集団からの期待値の変化に敏感でいなければならない。その一方で，監査が実施可能な範囲内にまで期待値を抑えこまなければならない」，「経済上かつ実践上，監査ができ得ることには限界がある」，「正当な社会からの圧力に対応できない場合には，結果的に，社会的目標を達成できない状況に陥る」，「また期待ギャップの如き形で双方の誤解が表面化する事態に繋がる」（1988, 15, 抄訳）の旨を言う。そうした観察結果は，コーエン委員会による環境分析に通じている。

　フリントは，監査人責任を考える上ではコーエン委員会の現実的な姿勢に賛同した。それが故にフリントは，シェイクンの成果を内包したコーエン委員会が「全体的な経済性の見地を重んじ，コストと便益を分析するための数多くの有望なアプローチの確認」（1988, 175, 抄訳）に成功している，と評価した。

　ところで期待ギャップの本質を語る上でフリントは，1930年代にオランダで活躍したリムペルグ（T. Limperg, Jr.）の成果に言及している。例えばフリントが着目するリムペルグの『信頼の理論』（*Theory of Inspired Confidence*, 1926）は次を述べている。「会計士たる者は，自らが分別ある素人（sensibile layman）の心中に生じさせた期待を裏切らない方法により業務遂行する義務を負う」。「そして反対に，会計士は実施する業務により正当化できないほど

の大きな期待を生じさせるべきではない」（Flint, 1988, 106, 抄訳）と。

すなわちフリントが引用するリムペルグ（1932; 1933）を評価するなら[23]，米国にては上場企業監査が制度化された 1930 年代初頭，はや欧州内で期待ギャップが検討されていたことが判る[24]。

そして，つまるところリムペルグを引用したフリントが出した結論は，「我々が遭遇した多くの批判は，実は監査人の職能に対する不完全な理解から生まれている」（1988, 10, 抄訳）という文脈に託された。

ところで，枝葉末節にも関わりフリントの成果が，今なお繰り返して評価されるべき点がある。それはフリントが記す監査手続と証拠との関係性についてである。フリント曰く「調査対象に関係する証拠には二つ以上の源泉から入手されるものがある」。「各々の証拠それ自体は監査目的にとって限られた価値しかなく不十分だろう」。「しかし同じ問題に関わり異なる源泉から入手した多様な性格を持つ証拠は累積的な効果を持つ」（1988, 108, 抄訳）。

そのようなフリントの見立ては，近年，米国のベルらが執筆した『21 世紀の公開会社監査』（Bell et al., 2005; 訳書, 2010）の「三元的証拠入手法」（訳書, 51）の構想に継承された。つまりは「Entity Business States（EBS：企業を取り巻く事業状況）を源泉にする証拠は，関連性ある新しい知見を監査人に与えて Management Information Intermediaries（MII：経営者が設定した情報処理媒体）と Management Business Representations（MBR：事業活動に関する経営者の言明）をそれぞれ源泉にする証拠に基づく，暫定的結論の正当性を疑う機会を増やす」。そのように，フリントの見立ては，監査証拠の説得力（persuasiveness）増強の策に関わり，21 世紀ベルらが主張した三元的証拠入手法の基礎になったと見て取れるのである。

▪——注

1　【1936年の米国会計学会からの報告書】マウツのその序文に言う1936年の報告書たるは『会社

報告諸表会計原則試案』（A Tentative Statement of Accounting Principles Affecting Corporte Reports）及び『会社財務諸表会計諸原則』（Statement of Accounting Principles Underlying, Corporate Financial Statements）を指す。当初，当該 AAA 常務委員会のメンバーであったペイトンとリトルトンは，1940 年に至って「会社会計の健全な基礎構造に不可欠と信ぜられる基礎概念を掘り下げてまた発展させる」(1940; 訳書, 1958, 3) 目的で『会社会計基準序説』(1940) を著した。ところでマウツは，1966 年の ASOBAT が 1940 年刊のペイトン＝リトルトンの業績に比肩される程の賞賛を受けられるよう期待を寄せていた。

2　【ASOBAT とベドフォード】ベドフォードの思考が ASOBAT の特徴に繋がっていると認識する論者は多い（例えば伊藤, 2011, 92）。ASOBAT 第 5 章「会計理論の拡張」(AAA, 1966) には，ASOBAT 刊 行 の 前 年 に『利 益 決 定 論』(*Income Determination Theory: An Accounting Framework*, 1965) を著していたベドフォードの考えが投影された。当該章では，「会計は本質的に一つの情報システム」であると明記された。そして「会計資料が検証可能性の基準に従うためには必ずある程度まで標準化された証拠に支えられなければならない」,「証拠概念は将来もっと多くの相対的意味を持つようになる」との主張がされた。

3　【目的適合性ある情報】SFAC 第 2 号（1980, 48, 脚注 5）は次を言う。"Information theorists assert that relevant as an adjective qualifying 'information' is redundant." と。すなわち「情報理論の研究者は，目的に適合しない情報は単なるデータに過ぎないので「情報」を従属的に修飾する「目的に適合する」という形容詞は余分であると述べている」（平松・広瀬, 訳書, 2002, 85）。すなわち ASOBAT はそもそも，目的適合性に欠く情報を報告する余地は全くないと考えているようである。

4　【トゥルーブラッド委員会報告書による不偏性の見方】AICPA「財務諸表の目的」研究にてはその第 10 章の報告の質的特性（偏向からの開放）の説明箇所で「ある一つのグループの犠牲において他のグループの利益を図ることになるような偏向を排除する為には保守主義の安易な適用を慎む必要がある」,「保守主義のための保守主義はまさに偏向の温床である」（AICPA, 1973; 1974; 訳書, 1976, 76）と言う。同委員会は質的特性としては不偏性を維持したものの，それに関わっては奥深い議論を展開していたのである。

5　【経営者不正の問題から距離を置いていた ASOBAC】「嵐」の時代にあって ASOBAC の刊行年たる 1973 年までには数多くの経営者不正が暴かれた。しかし ASOBAC は不正対応策につき現実的な処方箋を示さなかった。その点については鳥羽・八田（NCFFR, 1987; 訳書, 1999, あとがき）が「ASOBAC にみられるよう不正なる概念を用意しないで監査理論の概念的枠組みを構築しようとした立場もあるほどである」と指摘する程である。筆者は，エクイティ・ファンディング社事件の全容解明が為される以前のタイミングで刊行された ASOBAC では経営者不正を念頭に置いて監査人の懐疑心を強調することについてはなお逡巡があったと察している。

6　【学会の研究成果が実務規範に結びつかないその事情】小森（1989, 220）は関連事象を以下のように見ている。「プラグマティックなアメリカ会計の性格から考えて（中略）AAA 的会計原則の設定の方向に解決策を探るというよりも SEC の方向により現実的解決を求める」。「むしろ AAA が（中略）実務がそれと乖離する場合を実証的に研究する方向が社会から期待される」と。

7　【SATTA の研究委員長レブスン】ノースウェスタン大学大学院マネジメント研究科教授レブスン（Lawrence Revsine）はトゥルーブラッド委員会の名で知られる 1973 年 AICPA「財務諸

表の目的」委員会にもオブザーバーとして関わった。なお，同委員会のオブザーバー名簿には Ijiri（井尻）の名も見出せる。

8　【スターリングの研究の特徴】三木（1983）は「（スターリングの売却価値会計モデルの構成方法を説明すべく）R.R. スターリングは *Theory of the Measurement of Enterprise Income*（1970）において，仮定された商企業モデルから，経営者，債権者，投資家の意思決定には諸資産の売却価額に基づく会計情報が最も目的適合性を有することを論理的に導出した」と評している。ところでスターリングは自らの編書 *Research Methodology in Accounting*（1972, 1）の書き出しにて，「かつての支配的意見は会計のリサーチ・クエスチョンは厳しく制限的であるべきで，費用配分や収益実現のタイミングに重点が置かれていた。しかし今では会計に影響を受け，会計に影響するものはすべからくリサーチ・クエスチョンになると解されている。かくして適切とみなされるリサーチ・クエスチョンの数はどんどん拡張されてきた」と言う。

9　【SATTA の影響力】Mattessich（2008, 194）は "SATTA attempted to summarize this and related research. But it was pessimistic as to possibility of a general accounting theory – by way, this study proved to be less influential than corresponding AAA（1966, ASOBAT）of the preceding decade." と回顧した。すなわちマテシッチは，SATTA が一般的かつ普遍的な会計理論導出に関し明らかに悲観的な態度を保持し，その結果，SATTA が次第に忘却されていったと認識している。結局レブスンが取り纏めた SATTA はベドフォードが率いた ASOBAT 程には注目されず後世に影響を与えることができなかった。

10　【会計公準論】AAA は 1957 年に『会社財務諸表の基礎をなす諸概念および諸基準委員会』を改訂し，それにて基礎概念論を展開した。アーサー・アンダーセン会計事務所は 1960 年に "The Postulate of Accounting- What it is, How it is determined, How It Shoud Be Used" を刊行し，公準を立てずに財務会計の諸問題を取り上げるのであればそれは「砂上に楼閣を築こうとするものである」（新井，1979, 145）と述べた。また M. ムーニッツはマウツ＝シャラフが『監査哲理』の書を著した同年 1961 年に *The Basic Postulate of Accounting* の書を著している。また新井（1979, 79）は「ペイトンはすでに 1920 年代において会計公準が企業会計の中に必然的に存在することを指摘した」と言い，ペイトン以外にもギルマン，メイの公準論他の学説を紹介している。どうあれ 20 世紀中葉，財務会計論は会計公準論をその中核に置いていたのである。

11　【1939 年発足の会計手続委員会の最初の取り組み】千代田（1987, 246）は以下を伝える。「CAP は初めての会合で，日常実務の中で遭遇する具体的問題を解決するための指針として体系的な会計原則を設定することについて議論し，翌 1940 年には（中略）基本的仮定・前提を検討するための二つの小委員会を設置した」。すなわち「CAP の最初の課題は会計公準の策定でありそのためにいわゆる「SHM 会計原則」とペイトン・リトルトンの研究から活動を開始した」（1987, 257）との旨である。

12　【ア・プリオリ研究の価値についてのベドフォードの認識】ベドフォードは「ア・プリオリとは一つの推論方法に過ぎずそれ自体は研究方法そのものを意味しない」，「ここで重要なことは会計に関わる新しい知識は先験的プロセスによって展開されるという事実である」，「もしも研究たるものが知識展開のプロセスであるとされるなら，ア・プリオリ研究はどうあれ受容される可能性を持つ」（Abdel-Khalik and Keller, 1978, 3-4, 抄訳）の旨を言う。しかし筆者には，ベドフォードのその考えはコーエン委員会報告書のそれに比較した場合には大きな開きがあると感じられる。

13 【人的資源会計】いわゆる Human Resource Accounting の研究分野である。「動態論思考の常識化やサービスポテンシャルズ概念さらにはインターディシプリナリー・アプローチにより人的資源にもその資産性を認める機運が起る」。「その代表的研究は 1966 年ミシガン大学の研究プログラム及び RG バリー社における実践と情報利用である」。「ハーマンソンの資産分類であるところの操作性資産，Operational assets 概念を用いれば人的資源の資産性は容易に証明し得る」。「資産の概念は二つの概念説によって代表される。一つは（フラムホルツ，ヘキミアン，ジョーンズらの）人的資源を個人ないしその技量能力と見る個人価値説である。もう一つは（リッカートに代表される）人的組織の価値としてみる人的組織価値説である」。(拙稿（1978）「人的資源会計の可能性」)。

14 【コーラーの会計学辞典】Eric L. Kohler 著の会計学辞典の翻訳にあたった染谷恭次郎は次を言う。「コーラーは AAA の会長に二度選ばれており AIA の用語委員長を務めたこともある。また AAA の『アカウンティング・レビュー』の編集主幹，TVA（テネシー川流域開発公社）のコントローラー，ノースウェスタン大学教授の経験もある。会計学辞典の刊行はコーラーの豊かな学識と経験を持つものにしてはじめて成った偉業である。1957 年，訳者（染谷）がミシガン大学に留学していたときペイトン教授の紹介でシカゴに彼を訪ねたことがある」(Kohler, 1970; 染谷訳, 1973, ii) と。コーエン委員会報告書が言う「1940 年代においては会計学研究者は皆，実務経験を有していた」(AICPA, 1978) というその筋は，その後はニューディールの目玉政策たる TVA に関わったコーラー自身のキャリア遍歴に重なる。

15 【監査手続としての inquiry と investigation】シャンドルは「調査」に関わり ASOBAC が investigation と表現したことに些か疑問を呈した。シャンドル曰く「警察や法律家が用いる investigation は本来何も証拠がないところから調査を始めることを言う。しかし現状の監査実務においては，証拠は所与として与えられることが前提である」(1978, 123, 抄訳)。シャンドルは監査実務にあっては investigation よりもむしろ inquiry が馴染むと考えている。

16 【会計士に圧し掛かる顧客維持獲得のプレッシャー】Brewster（2003; 訳書, 2004, 23）はエンロン社事件の内部告発者シャロン・ワトキンスの言葉を伝えている。「会計士として優秀かどうかはどうでもよく問題はどのくらい仕事をとれるかでしたと彼女はアンダーセンでの日々を振り返った」。ところで会計事務所の顧客獲得動機に関してはコーエン委員会報告書（AICPA, 1978, 116）及びシャンドルの書（1978）も同様の旨を述べている。

17 【監査理論に関わる大別法】例えば福島（2006, 1）は監査理論を，マウツ＝シャラフ，ASOBAC，シャンドルが展開した「プロセス理論」と，W.A. ウォーレスを筆頭に考えられる「ソーシャルメカニズム理論」とに分けて理解し，その上でシャンドルが（監査を）「人間の評価プロセスとして統一的に把握しようとした」と言う。

18 【監査の失敗の発生比率】ワインスタイン（1987; 訳書, 1991, 198-199）を引用するなら，「AICPA のある委員会が 1986 年に発行した報告書によれば，過去 6 年の間に SEC 業務部会のメンバー事務所が上場会社 160 社に関わる監査の失敗のかどで訴えられている。しかし全体で数値が示すものは当該期間に行われた 6 万件以上の監査の 1 パーセントにも満たない端数なのである」との由である。

19 【ベドフォードのコミュニケーション論】参考文献として Bedford and Baladouni（1962）。

20 【AAA 研究方法論委員会】同委員会は「会計研究に資する様々な方法論的アプローチを特定し敷衍し，表現するための準備」をミッションとした。その活動は 1971 年 5 月 6 日に 40 名の研

究者と実務者を招聘しカンザス大学で開催された第2回アーサーヤング・アカウンティング・コロキアムの資料として纏められている。関わる参考文献に Sterling（1972）がある。

21 【マウツとフリントとの親交】Flint（1988; 訳書, 2018, xiii）は自著の序文にて「本書を公刊するに際して（中略）第一に感謝したいのは Mautz に対してである。彼は私がまだ監査人として実務に携わっていたころにはじめて哲学的な見地から監査を思考するように促した。彼の著作は私の考えに影響を及ぼし続けてきた」と明記している。

22 【アテネのタイモン】本邦（山浦, 2015, 2）のテキストにても引用されている周知のエピソードである。すなわち、「もしも手前の取扱いを不束とか不正直とかお疑い遊ばしますならどのような厳しい Auditor になりとお命せ付けになりましてご糾弾くださいまし。神々さまが御照覧でございます」とのタイモン（Timon of Athens 第二幕第二場, 坪内逍遥訳, 1934, 中央公論社）の言説である。

23 【T.リムペルグに対する評価】コラス（2005; 藤田訳, 2007, 101-108）は「リムペルグはいわゆる（会計学の）大家ではない。彼は著書も一貫したテーマのもとでの論文も発表していないし生産性の高い著者でもない。それでも彼には200 もの出版物がある」と付してリムペルグが「監査の新概念」を示すに至った経緯を記している。すなわち「リムペルグは監査に対する当時の考えを前進させたのでオランダの監査人の代表者たちからはあまり歓迎されなかったが、数年後にはアングロサクソン諸国においてリムペルグの考えの現代版をみることになる」と述べている。

24 【20世紀オランダの監査制度】オランダの監査制度について本邦では、リムペルグを評価しつつ上妻（2004, 142）が、「1986 年以前：確立された監査基準が存在せず、もっぱら登録会計士協会の行為倫理規定とリムペルグの監査理論を一般的指針として監査業務を遂行していた」の旨を語る。上妻曰く「オランダにおける監査および会計士の歴史はかなり古く 1890 年代にはすでに会計士という職業が登場していた」。「規制を嫌う国民性からオランダでは 1971 年まで外部監査制度が存在せず会計士は主として内部監査人の業務に特化して発展してきた」。そして「また経営経済学者として監査業務の発展に多大な貢献をしたリムペルグの存在も現在の監査制度を作り出した大きな影響要因になっている」との由である。

第 **8** 章

コーエン委員会勧告に対する
組織的な拒絶

Monologue
■ ■ ■

反懐疑主義：保守勢力は，結局，コーエン委員会報告書を
受けいれなかったのである。

I ■ 1978年AICPAオリファント委員会

　1977年6月，AICPAはW.J.オリファント（Oliphant）を委員長に擁し他5名の委員からなる「監査基準常務委員会の構造の研究に関する特別委員会」（通称オリファント委員会）を立ち上げた。同委員会は新しい監査基準審議会の編成に関する諸課題を検討することをその主な目的にしていた[1]。そしてその結果，監査基準常務委員会（AudSEC）は監査基準審議会（ASB）へ改組される運びとなる。

　オリファント委員会の提言はコーエン委員会のそれとは一線を画していた。往時，産業界と会計プロフェッション界はコーエン委員会勧告に戸惑いを隠せないでいた。実際，コーエン委員会報告書に対する支持が高まらなかった背景には，1977年6月のコーエンの他界と1978年1月のメトカーフ上院議員の逝去だけでなく，同時期に立ち上げられたAICPAオリファント委員会が，およそコーエン委員会の果実を隠してしまったことが影響している。コーエン委員会にとっては不運が続いた。

　もとよりAICPAは会計プロフェッション界の権益を手放す気がなかった。しかるに会計プロフェッション界の本音を託したオリファント委員会の提言だけでは，抜本的な監査改革は為し得ない。

　ところで，その後のワシントン情勢を広く見てみればどうか。1979年11月に「イラン・アメリカ大使館人質事件」が勃発し，その後は軍事手段を用いなかったカーター［民主党］政権の運営が危機に瀕する。そして1980年11月の大統領選にてはカーターがレーガン［共和党］に敗れる。レーガン新政権はその後，SEC委員長にジョン・シャッド（John S.R. Shad, 任期1981年–1988年）を指名する。

　その当時のSEC委員長人事は，後のSEC主任会計官リン・ターナーが回顧するところによれば，「カーター政権下の第20代SEC委員長ロッド・ヒル

ズ（R.M. Hills）および第21代SEC委員長ハロルド・ウィリアムズ（H.M. Williams）と，それに対して，レーガン政権下の第22代SEC委員長ジョン・シャッドとを比べてみては，昼と夜ほどの差があった」と伝えられる程だった。

　民主党から共和党への政権交代に起因したSECの変化はそれ程までに顕著だった。斯界がコーエン委員会勧告を受け止める上では，保守的な共和党政権に転じた1980年代初めの政治状況も災いしたのである。

Ⅱ ■ 1979年AICPA ミナハン・サボイエ・ニアリー委員会

　コーエン委員会報告書刊行の翌年1979年にAICPAは，コーエン委員会勧告へのカウンターの如きものとなった「ミナハン」「サボイエ」「ニアリー」委員会からの3書面を刊行している。AICPAが後ろ盾となったそれらの委員会報告書によっても水を差され，その後はコーエン委員会報告書に対する社会的関心は衰えてしまう。

（1）内部会計統制特別諮問委員会報告書

　1977年8月，委員長ミナハン（E.J. Minahan）を筆頭にし，委員12名からなる「AICPA内部会計統制特別諮問委員会」（The Special Advisory Committee on Internal Accounting Control, 通称ミナハン委員会）が召集された。委員メンバーのうち9名は産業界を代表していた。

　ミナハン委員会は，海外不正支払防止法（FCPA）を背景にコーエン委員会が扱った内部会計統制局面に関し，総論では諸々の統制案への支持を示しつつ，しかし各論では警戒心を顕にした。産業界側からの委員が多数派を占めていたミナハン委員会は，「内部会計統制についての追加的指針の必要性」（AICPA, 1978）を主張するコーエン委員会報告書を実は快く見てはいなかったのである。

　ところで千代田（1987, 206）はコーエン委員会報告書とFCPA法との関係

について次なる見立てをしている。「SEC はコーエン委員会勧告を借り，海外不正支払防止法をヨリ実効ならしめるため内部会計統制について経営者および監査人にそれぞれの意見を表明させようとした」。AICPA の当初の思惑から外れ，SEC はウォーターゲート事件後，不正続発の収束[2]を狙ったFCPA 法を施行するため，特に内部会計統制改革にあってはコーエン委員会勧告を利用しようとしていたのである。

　ミナハン委員会は「内部会計統制の評定に対し関心が高まっている背景にはいくつか理由がある」と言い，それについてはコーエン委員会の活動が影響を与えていると見通していた。そしていま一つ内部会計統制が注目されるその理由は，FCPA 法施行に期して SEC が 1978 年 2 月に ASR 第 242 号（Notification of Enactment of Foreign Corrupt Practices Act of 1977）をリリースしたが故だった。

　ミナハン委員会最終報告書は1979年に出された。しかしその際には2名の委員から留保意見が付された。カロラス（R.N. Carolus）委員の意見は「内部会計統制の範囲はあまりに現行の監査基準書の影響を受けすぎている」（AICPA, 1979）というものだった。

　カロラス委員は，内部会計統制の範囲たるは監査目的には関係なく拡大されるべきであり，またそうすることで内部会計統制がヨリ有用なものになると主張した。カロラス委員は，会計プロフェッションの考えだけで内部会計統制のあり方が決められることを不満に思っていた。

　いま一つはトゥシュ・ロスのウッド（D.R. Wood）委員から出された留保意見だった。それは「内部統制会計の範囲内で捉えられるものとそうでないものの区別に注意すべきである。さもないと経営者は自分自身では制御できないことに対してまで責任を負わされる」（AICPA, 1979）という趣旨だった。要するにウッド委員は内部会計統制遂行上，責任を追及されるケースが増えないように注意すべきと進言したのである。

　結局のところミナハン委員会は，上記の如き留保意見をも示すことにより，内部会計統制の局面で経営者に対する責任追及が増える事態を回避しよ

うとした。

（2）経営者報告書特別委員会報告書

　委員長にサボイエ（L.M. Savoie）を擁して招集された「経営者報告書特別委員会」（The Special Advisory Committee on Reports by Management, 通称サボイエ委員会）は委員総数11名から成っていた。メンバーのほとんどは金融界出身者であり，研究界からの委員は ASOBAT にも関わっていたニューヨーク大学のソーター（G.H. Sorter）一人だった。

　ところでコーエン委員会は，監査意見表明に関連する「二重責任の原則」に関わり，「年次報告書においてもし経営者が財務諸表とその関連事項表示に係る責任が経営者自身にあると認めた陳述をするなら，財務諸表を巡る責任についての理解は一層改善される」（AICPA, 1978, 87）と言い，年次報告書内の記述のあり方の再検討を勧めていた。その後サボイエ委員会はコーエン委員会の主張に一部は同調したものの，しかし経営者報告書の作成義務化は不要であると結論づけた。つまりところサボイエ委員会は，経営者報告書の作成と開示が義務化されることで生じる経営側のリスクを削ろうとしたのである。

　サボイエ委員会報告書（AICPA, 1979, 付録B）にてはヨリ具体的に，コーエン委員会への反論[3] が記されている。すなわち重要な未確定事項（uncertainties），及び顧問弁護士との協議事項等の扱いに関し，サボイエ委員会は（a）「経営者報告書によって，全ての重要な未確定事項が適切に処理され開示されていることが保証されているとは考えていない」とした。さらに法律的事象が財務諸表表示に影響を与える点やその可能性に関わり，（b）「経営者と弁護士との間で協議が行われている，さらには経営者が行った表示に弁護士が同意している事実を示すとは考えていない」旨が記された。そのようにサボイエ委員会は，関連事象につき，経営者報告書がなにがしか言質を与えているように受け止められる状況を避けようとした。

　さらに非監査業務に関してサボイエ委員会は「税務指導や年金計算業務と

いった非監査業務に対し支払った報酬額を経営者報告書に記載すべきと求める・コーエン委員会の勧告には同意しない」（AICPA, 1979; 訳書, 1991, 98）と記し，非監査業務関連の金額ウェイトの開示を拒否した。

サボイエ委員会は，内部会計統制の不足や欠陥に関しても，次を言う。すなわち「コーエン委員会は，監査人が報告した内部会計統制上の重大な不足や欠陥に対し経営者がいかなる対応を行ったかを経営者報告書に記すべきと勧告している」。しかし「我がサボイエ委員会は，経営者報告書においてこの問題を扱う必要があるとは考えていない」との旨である。このようにサボイエ委員会はきっぱりと拒否の姿勢を示し，コーエン委員会報告書に蓋をしてしまおうとしたのである（AICPA, 1979; 訳書, 1991, 付録B他）。

（3）監査委員会特別委員会報告書

「監査委員会特別委員会」（The Special Committee on Audit Committees, 通称ニアリー委員会）はニアリー（R.D. Neary）を委員長に擁した6名から構成された小委員会だった。

ニアリー委員会は，社外取締役を含めた形での監査委員会の設置を求めたコーエン委員会に対し，そのような「監査委員会の設置は絶対必要とまではいえない」（AICPA, 1979; 訳書, 1991, 142）と述べ，反論を展開した。本ニアリー委員会においても，産業界からの反論が，経営者の誠実性を前提にした非懐疑的なスタンスで示された。

しかし1976年9月の下院モス小委員会の席上，すでに監査委員会の設置と取締役会規則の整備が要求されていた。また上院メトカーフ小委員会も同様に，産業界の各方面に対し監査委員会の設置を要求していた。モス・メトカーフ両小委員会は監査委員会の設置と社外取締役の任命が企業内の実務慣行として定着すれば，監査人と経営者との関係を健全に維持できるという先見の明を有し，かつそう信じていたのである。

そうしたモス・メトカーフ両小委員会の意向を受け，NYSEはコーエン委員会報告書を待たず，1976年6月30日，上場企業に対し監査委員会の設置

を検討するよう要請した。そして 1979 年には中小型株を扱うアメリカン証券取引所も類似の要請をするに至る。

ニアリー委員会は「会計方針の濫用を防ぐ為にも、社外取締役の参画に大いに期待される」（AICPA, 1978, 12）と主張するコーエン委員会に対し、しかし、その期に及んでもなお、「監査委員会が設置されていなくても監査人は独立性を維持し、自己の責任を果してきた」と反論を展開した。

どうあれ AICPA と産業界の本音を背にしたミナハン、サボイエ、ニアリー3委員会は、上記の論点に関し、下院モス・上院メトカーフ両小委員会、コーエン委員会、さらには NYSE とアメリカン証券取引所に対し抵抗を示したのである。

Ⅲ ■ 1986年AICPAアンダーソン委員会

通称アンダーソン委員会たる「公認会計士の職業行為基準に関する特別委員会」からの 1986 年の報告書は次の経緯で刊行されていた。「AICPA は 1983 年 10 月、アンダーソン（G.D. Anderson）を委員長とする公認会計士の職業行為基準特別委員会を任命し、会計プロフェッションが直面する問題として現行の倫理的基準の有効性と質の高い業務および、公共の利益に対する達成度を包括的に評価することを課した」。「同委員会は 2 年半にわたる検討の後の 1986 年 4 月、別名アンダーソン委員会報告書を答申する」（AICPA, 1986; 訳書, 1991, i）。そしてその後 1987 年 9 月に開かれた AICPA 100 周年総会ではアンダーソン委員会報告書に対する支持が取り付けられた。

アンダーソン委員会により新たに策定された職業倫理規程にて、その一般基準（B）ではなお、抽象的に「正当な注意の本質は職業専門家としての卓越さを追求すること」と語られるだけだった。コーエン委員会が求めていた健全な懐疑心との関わりで「職業専門家の卓越さ」が一体何を示すものかは明らかにされなかった。要するに 1986 年アンダーソン委員会報告書においても懐疑心のありようが詳しく語られることはない。結局、プロフェッショ

ン界の職業倫理規程そのものが懐疑心たる語を進んで包摂する可能性はそれにてなくなったのである。

　AICPA は 1979 年のミナハン，サボイエ，ニアリーの 3 委員会報告書の後ろ盾になり，さらに 1986 年のアンダーソン委員会を主宰した。結局のところ AICPA の多数派は，コーエン委員会報告書勧告を軽んじたのである。その時代，100 周年を祝う AICPA にとってコーエン委員会報告書は，前民主党政権下で盛り上がった SEC が旗振り役になり纏められた，有り難くもない代物だった。

　どうあれ，コーエン委員会報告書を，AICPA の支配的意見を表した公式意見書と解することは正しくない。

●──注

1　【監査基準設定主体に関するオリファント委員会の検討結果】町田（2019, 172）によればその状況の一端は次の如くである。「オリファント委員会では創設されたばかりの FASB の存在も念頭に置きつつ，監査基準設定主体を会計プロフェッションから独立した組織とする案を検討したものの，二つの点から否定的な結論を得ている」。「一つは独立組織にしてメンバーを常勤化することで会計プロフェッションとの距離が生じることであり，もう一つは監査基準の専門性の高さによって会計プロフェッションの支援なくして監査基準の設定はできないということである」。

2　【海外不正支払防止法と SEC】1972 年ウォーターゲート事件発覚後の 1974 年春，SEC は全ての登録企業に対して疑問が持たれる海外政治支出や会計処理の自発的な公開を求めた。結果的には 1977 年 3 月までに約 360 社が海外で不正支出を行った事実を報告した（小森, 1989, 171）。

3　【コーエン委員会が目指した経営者報告書】1977 年 3 月刊のコーエン委員会中間報告書は「経営者が会計システムとその統制について評価し，それを経営者報告書（report by management）に記載し株主宛年次報告書に掲載することと，監査人はその経営者の評価につき監査報告書で意見表明することも勧告した」（千代田, 1998, 361）。コーエン委員会はいち早く，21 世紀の今に至り実施されている内部統制監査の基本手続についてそれを具体的に示していたのである。

終 章

結論と展望
——エピローグに代えて

Monologue

* * *

歴史は繰り返す：21世紀の監査課題のほとんどは20世紀，
すでにコーエン委員会によって議論されていた。

I ■ 結論

監査人の不正発見責任に関わりある20世紀米国の進捗につき，千代田（1987, 173-174）は次を言う。すなわち，過去，監査人が経営者を性善説から見ていた点に関わり，「1939年10月に公表された『監査手続の拡張』以来，1960年9月に発表された監査手続書SAP第30号まで，基本的には何も変わっていない[1]」と。

実際，SAP第30号は，監査人が担うパブリックに対する責任を限定しようとし，「監査人が不正を摘発できなかった責任は，監査人が，監査基準に準拠しない振舞いをしていた時にのみ生じる」という監査人側にとっての好都合な解釈を社会に浸透させようとしていた。マウツ＝シャラフが彼らの監査公準を世に問うその前年，1960年に発表されていたSAP第30号は「基準以下の監査」にさえ至らなければそれでよしとする監査人の態度を追認していたのだった。

ウォーターゲート事件がワシントンD.C.を揺るがす1972年6月の前まで，会計プロフェッション界とSECは手を携えていた。監査人は，過去のマウツらの監査公準に従うかのように，反証証拠が得られない限りは被監査経営者を誠実な存在と見ていたのである。

しかしながら嵐の時代を経験してワシントン政治が揺れ，有力議員らが会計プロフェッション界だけでなくSECをも疑い始めた1972年は，米国監査史上の大きな転換点になる。

1972年6月，民主党本部が置かれていたウォーターゲート・ビルに対する盗聴事件が発覚する。その事件に関わり［共和党］ニクソン陣営から資金が流れていた事実が判明する。すなわち1972年[2]，怒りを孕んだ米国社会は渦中のエスタブリッシュメント層に対し一斉に疑惑の目を向ける。そしてそれからの5年間，マニュエル・コーエンが関わっていたSECにては経営者不正に対する徹底した調査が開始された。

　会計プロフェッション界は，その本音では躊躇しつつもほぼ同時期，高揚していた消費者運動にも影響され，監査基準書にあっては遅ればせながら1977年1月刊行のSAS第16号に初めて，懐疑という語が備えられた。

　ところで会計プロフェッション界からSAS第16号が発信された1977年は，1972年と同様，記憶に留められるべきターニング・ポイントである。同1977年，米国ではカーター政権下，民主党が上下両院で議席数の過半を占めた。ワシントンD.C.にてリベラルの風が吹き荒れた1977年は監査界においても大きな転換点になった。すなわち下院モス・上院メトカーフ小委員会からの熾烈な追及に煽られ，米国内にては決然と，不正を糾そうとする社会の趨勢になる。

　SECと会計プロフェッションとの蜜月関係は1972年には終わっていた。その後5年程の撞着期を経て，1977年，連邦議会の追及と新SECの攻勢は沸点に達した。結果，不正を摘発できていなかった会計士業界に対する批判が高まり，1977年1月，腰の重いAICPA[3]をしてSAS第16号「誤謬または異常項目の発見に関する独立監査人の責任」をリリースさせる。その経緯を知るに，環境改善に向けて数多くの特別委員会を編成しておきながら，ワシントン政治が変わらなければ何も変えられないAICPAの他律性と遅行性とが透けて見える。

　そのような経緯で1977年のSAS第16号は，会計プロフェッションによる不正発見責任認識上の明らかな転換点となった。しかし同号は，ようやく監査人の不正発見責任を認めたものの，実のところはなお，「反証がない限り経営者は重要な虚偽表示を行っていない」と考える規定（同327.10）を外さなかった。

　すなわちSAS第16号は，監査基準書それ自体としては初めて「職業専門家の懐疑」たる語句を備え，公認会計士の不正発見責任を記したものの，しかしその期においても依然として経営者の誠実性を前置していた。不正責任を追及する上ではSAS第16号とて，表向きだけ改革に向け歩を進めた，煮

え切らない，中途半端な基準書だったのである。

　しかるに米国監査史上，会計プロフェッション界が経営者性善説から完全に脱し得たタイミングは，SAS 第 16 号が出た 1977 年 1 月ではなく，カーター政権下で民主党が上下両院を制した同年の晩春，ヨリ厳密に言えば 1977 年第一四半期の直後と推察される。そしてその春の終わりこそが，監査人の中立性が標榜されるに至る現代監査史の起点になる。

　しかし 1976 年コーエンの死去，1976 年のハックフェルダー事件に対する最高裁判断，1977 年メトカーフの死去により，予期せず，監査改革派の動きにブレーキがかかる。そしてそうした不測の事態と，共和党政権への交代とが，後の「財務不正発見開示法案」(1986) をして「結局，AICPA と SEC は何もしなかった」と批判させる 1980 年代前半の停滞を齎す。

　コーエン委員会が活発に活動していた時期からおよそ 10 年を経て，レーガン (R.W. Reagan, 任期 1981 年 1 月–1989 年 1 月)［共和党］政権下，上院では共和党が，下院では民主党が多数という捩れを包摂した 1980 年代半ば[4]，再び，揺れ戻しが起る。貯蓄貸付組合 (S&L) 他，金融機関の倒産が続き，またディンゲル議員ら改革派の活動に押され，AICPA は 1985 年 1 月に至ってようやく，いわゆる期待ギャップ解消のための新監査基準書群の策定作業を開始する。そして同年 6 月には AICPA のみならず AAA，FEI，内部監査人協会までが関わるトレッドウェイ委員会 (NCFFR) が組織された。そしてその期に至ってはコーエン委員会報告書が直ちには奏功しなかったことを反省し，余計な間を置かず，1987 年 4 月に公開草案が公表され，同年 10 月には速やかに最終報告書『不正な財務報告』(NCFFR, 1987) が刊行される。

　結局そのトレッドウェイ委員会は，不正発見責任に関わる監査基準が全面的に改訂されるべきと宣言するに至った。すなわち 1987 年になってようやく，経営者性善説を前提に置いていた 1976 年 SAS 第 16 号の改訂が決まった。そのような経緯を背景にして生まれた新しい，期待ギャップ解消のための基準書が，1988 年 SAS 第 53 号「誤謬と異常項目の発見と報告に関する監査人の責任」(The Auditor's Responsibility to Detect and Report Errors and

Irregularities）である。SAS 第 16 号に続きその基準書には「監査人の責任」たる言葉が掲げられた。コーエン委員会のミッションはこれにて，10 年の時を隔て，ひとまず達成されたのである。

　さて米国会計士協会 100 周年の翌年，1987 年のこの時期，AICPA はワインスタインたるお抱えのライターに，*The Bottom Line: Inside Accounting Today* なる表題の一冊を執筆させている。その書にては，「ピート・マーウィックのボブ・エリオットは景気循環の不況期から後 2 年間は議会が口を挟んでくると述べている」。「つまり，景気の谷を過ぎると多くの企業が倒産し，公認会計士は非難される」。「これは1970 年代半ばのモス・メトカーフ公聴会で持ち上がったし，1980 年代のブルックス・ディンゲル公聴会でも起きているし，そして今後も起きるであろう」と。どうあれ米国の会計プロフェッション界は1970 年代後半から1980 年代後半にかけて，政権の風向きを感じとりつつ，他方で，議会からの熾烈な追及を苦々しく思っていたようである。

Ⅱ ■ コーエン委員会報告書の永続的価値

　ところで懐疑心たるは経営者主張を鵜呑みにさせない，そのための要請として受けとめればそれでよかろう。常に費用対効果の枠組みで物事を計らざるを得ない監査界にあって，懐疑心に関わりそれ以上の議論は無用にさえ思える[5]。会計プロフェッション界にて職業的懐疑心発揮の要請は，米国ではクリントン［民主党］政権下，その後の第 25 代 SEC 委員長レビット（A. Levitt）の決断の下，経営者を疑ってかかる程にまで強められた。しかし懐疑心要請は監査基準書（SAS）各号の文脈内にテクニカルには散見されるものの，なおも，米国監査基準の本体（GAAS）に収められる気配がない。実のところ監査人の懐疑心たるテーマは，監査厳格化コストの受容判断にも関わり，悉く思惑に左右されている。それ故この先は漸次，当該テーマは監査

研究対象から外されていくものかと考えられる[6]。

　コーエン報告書が言うよう，経済効率性からして過ぎたる懐疑は容認され得ない。他方でソクラテス以来の懐疑と，反証課題に対峙することを常にする哲学界の厳格さからすれば，斯界の論者らが安易に懐疑たる語にアプローチすることはなおさら危険に思われよう。

　「懐疑心とは，経営者の行った全ての重要な陳述について疑いを持ち，かつその妥当性を確かめようとする心構えのことである」というコーエン委員会報告書（AICPA, 1978, 114-115, 抄訳）を引用しつつ，千代田（2012, 34）は次を言う。「監査人は自らの判断に誤りがなかったかを自問する。財務諸表に重要な虚偽表示はないという自らの信念が十分に正当化されたかを自問する。その自問が職業専門家としての懐疑心である。それを監査手続として明確に示すことはおそらく不可能」と。

　懐疑心を監査手続にして示すことが叶わないからこそ，監査界でその言葉を耳にする際には一抹の虚しさが拭えない。哲学界の賢者によって「懐疑論こそは哲学の華，それも清華である。と同時にあだ華でもある」（Stroud, 1984; 訳書, 2006）と表された懐疑論たるは，畢竟，監査に纏わる議論においてもあいにく，その通り，道端に咲く徒華なのである。

Ⅲ ▪ 今後の展望と執筆後記

　2019年7月30日付日本経済新聞「英監査改革は質高めるか」（篠崎健太）は以下の旨を言う。

　「英国財務報告評議会（FRC）が2019年7月に公表した年次報告書で主要350社に対する監査の抽出調査で合格とされたのは全体の75％にとどまった」。「懐疑的な姿勢に欠けていた事例は大手7監査法人の全てで確認された」。「監査法人が政界などから集中砲火を浴びている」。「議会では巨大監査法人の寡占が質低下の根源だとして解体論も公然と飛び交う」。「（2016年破

綻の衣料品販売大手の監査では）わずか2時間しか作業に関らなかった会計士が監査報告書に署名していたことも波紋を呼んだ」。「英当局が2019年4月にまとめた主要上場企業に対する二法人以上の共同監査の義務付け案。監査の質の向上にどれほど効力を発揮するかは未知数だ」。これら21世紀の監査界に対し差し向けられた疑問は，40数年前のコーエン委員会の議論とダブって見える。

　さらに2019年7月，英国財務報告評議会（FRC）が（元グラクソ・スミスクライン CFO）サイモン・ディンジマンズを会長に任命した理由は監査改革の推進にこそ見出されると伝えられている。しかしジャーナリズムが伝えるそうした21世紀監査の様相は，実のところその全てが，コーエン委員会によって，とうの昔に論じられていたのである。

　1978年コーエン委員会報告書の後も，1988年トレッドウェイ委員会報告書，2000年オマリー・パネル報告書と，不正発見に関する報告書は次々と上梓されてきた。ところでそれらは全て，コーエン委員会報告書の成果の上に積み上げられたものである。その事実こそはコーエン委員会勧告を常に原点に見出し，再評価を試みてしかるべき事情である。

　「歴史は繰り返さない。しかししばしば韻を踏む」[7]。ペンの力によって「ロックフェラー帝国を倒した」と言われるアイダ・ターベルの友人，マーク・トウェイン［M. Twain, 1835-1910］の遺訓は現代監査史上もあてはまる。振り子が揺れるかのように，「監査の失敗」はこれまで100年以上に亘り，繰り返され，今に続いてきた[8]。そしてそれらはパブリックに既視観と諦観とを与え続けている。

■──注

1　【1950年代米国の監査基準書】例えば1950年代に米国で出された監査基準書（SAP）は通算5

本に過ぎない。1950 年代前半に出されていた SAP は 1954 年 10 月の SAP 第 25 号「後発事象」のみである。何故か。ちなみに米国では 1948 年頃より 1950 年代前半にかけて共産党員の排除を共和党右派のジョセフ・マッカーシーらが推進していた。いわゆる赤狩りである。マッカーシーに協力した政治家には後の大統領ニクソンとレーガンが含まれた。1950 年代の米国では産業界を批判する「赤がかった」監査理論が展開される余地はなかった。

2　【1972 年という歴史の転換点】筆者は同年を米国監査史の大きな転換タイミングと見ている。実際，AICPA は同年にそれまでの監査手続委員会（CAP）を監査基準執行委員会へ名称変更した。さらに同 1972 年は象徴的に，例えば宇宙開発等他分野にても時代の大きな転換点になった。1969 年 7 月のアポロ 11 号の月面着陸成功後，1972 年のアポロ 17 号の月面着陸を最後に 250 億ドルもの巨額の予算をあてピーク時に 40 万人の従業員を雇用し，2 万以上の大学や企業の支援を巻き込んでいたアポロ計画は終了した。

3　【AICPA の躊躇】本邦，斯界にて「AICPA は，1977 年 1 月の SAS 第 16 号によって積極的に不正摘発の責任を認めた」等と伝えられることも多い。しかし卑見では，実のところ 1977 年 SAS 第 16 号原文の印象は AICPA は監査人の不正摘発責任を渋々認めたという程度のものである。実際 SAS 第 16 号（327.10）は「監査人は反証がない限り経営者は重要な虚偽表示を行っていないし，内部統制を無視していないと仮定することは合理的である」と記し，事実上，経営者が誠実であるという前提を維持していた。

4　【共和党レーガン政権時代に刊行された監査基準】1981 年 1 月レーガンの大統領就任後は，1988 年 4 月に期待ギャップ監査基準書が一斉にリリースされる前まで監査人の不正発見責任に関する SAS は刊行されていない。その代わり注目される監査基準書は例えば SAS 第 47 号「監査リスクと重要性」であり，それによって「リスク・アプローチ」に依拠した監査実務の効率化が斯界の至上命題となる。

5　【本邦監査基準書に於ける懐疑心】ここで以下，卑見を記すが，本邦監査基準一般基準 2.「監査人は職業的専門家としての正当な注意を払い，懐疑心を保持して監査を行わなければならない」の，「懐疑心を保持して」をあえて取り除くことさえ検討する余地もあろう（実際，比較標榜すべき米国 GAAS10 基準中に懐疑心要請は含まれていないのである）。

6　【懐疑心という監査研究テーマの行方】2018 年 9 月にニューヨークで開催された国際会計士倫理基準審議会（IFAC, IESBA）にては懐疑心たる語はその露出を減じ，関わるプロジェクト名称は Professional Skepticism（職業専門家の懐疑心）から Promoting the Role and Mindset Expected of Professional Accountants（職業会計士に期待される役割及びマインドセット）へ変更された（福川・矢定, 2019, 94）。そのような状況も懐疑心というテーマの収まる場所を探すことが困難なことを推察させる。

7　【「歴史は繰り返す」】日本経済新聞 2019 年 12 月 4 日記事マーティン・ウルフ「第一次大戦前に並ぶ難局」（*Financial Times*）曰くは「歴史は，現在を知るためにもっとも役立つ手引書だ」。

8　【既視感を呼び覚ます事件例—直近において注目されている不正な財務報告】2021 年の今に至っては独ワイヤーカード社の不正な財務報告により（EY）会計事務所が窮地に立たされたことで判る通りである。

執筆後記

　経済思想の深奥を語ろうとする碩学は次を言う[1]。「ジグソーパズルの一部を精緻に仕上げても全体がいかなる絵柄になるのか知ろうとしない限り，真に進歩したとは言い難い」。「一つの時代がその前の時代より進歩しているという進歩史観の呪縛から（我々は）自由にならなければならない」。「経済の不思議な現象を経済学が十分に説明できないという問題も，こうした知識の断片化と無関係ではない」と。

　職業専門家の規範が本来重視すべきホーリスティックな視点が今日，知識が断片化されるに連れ，ないがしろにされている状況が懸念される。こと会計不正に対抗する監査規範にあっては，間際の最新基準のディテールを了知するだけでなく，過去の業績を幾度となく再評価し，歴史の流れと政治的ダイナミズムにさえ留意し，それらの相関性と因果律にまで思い及ぶ必要があろう。

　私事，ここに一筆記し，これにて筆者の研究に終止符を打ちたい。

　恩師，染谷恭次郎先生は1957年，ミシガン大学留学中に，ペイトン教授の紹介によりエリック・L・コーラーを彼のシカゴの事務所に訪ねた。恩師の書に曰く，当時のコーラーは「そのこじんまりした事務所でひとり丹念に『コーラー会計学辞典』（第2版）の校正をしていた」とのことである。

　筆者は自身のささやかな監査史（殊，懐疑心）研究を通じ，亡き染谷教授を介してはペイトン，さらにコーラーと相まみえることができたような気持ちになった。そして他方で筆者自身，カイロ・アメリカン大学教授 Shawki Farag 氏[2]との出会いに恵まれ，若かりし頃にイリノイ大学（UIUC）に学んだ同教授との懇談を通じ，リトルトンその人の肉声を聞くことができたような気持ちになった。

　2013年6月には，恩師 塩原一郎先生に勇気づけられて参加した，イスタ

ンブールで開かれた某国際会計史学会にて，思いがけずバーバラ・メリノその人との歓談の機会に恵まれた。そして筆者はその場で，メリノが支えた往時のマニー・コーエンの息遣いを感じとるかの如き錯覚に陥った。

　「親孝行，したい時に親はなし」。その表現は公私あいにく私ことにこそ言い得た警句である。本書では，偉大な先達研究者らの格闘の記録と，筆者自身の記憶の重ね合わせを試みた。しかし，研究界を含め，世の中の命題自体がすっかり変化してしまった今となっては，それらの記録と記憶はもう誰にも承継されないことだろうと悲観している。

■——注

1　【知識と知性の断片化に対する警告】猪木武徳「経済教室　平成の終わりに①知性の断片化の危機回避を」日本経済新聞2019年1月4日朝刊第19面参照。監査研究においても教訓の一つになることであろう。

2　S.Farag教授は染谷恭次郎教授が1987年10月に国立京都国際会館で主宰した第6回国際会計教育会議にてConcurrent Session II-bセッションのチェアを務めている。なお，同教授との面識はIII. Balkans and Middle East Countries Conference on Accounting and Accounting History, June 19-22, 2013, Istanbulに筆者が同席し関連報告をした事情に基づいている。

付 録

付録1 ■ 本書記述に関わりあるSEC会計連続通牒 (ASR)のレファレンス

以下はコーエン委員会報告書で扱われている SEC 会計連続通牒（ASR）のレファレンスの一端である。

(1) 1938年4月 ASR第4号：財務諸表の取扱解釈規定

Administrative Policy on Financial Statements, 11, F.R.10913.（CCH, Inc. Accounting Series Releases and Staff Accounting Bulletins, as of July 6, 1978, AS-4 ¶ 3005）

ASR 第 4 号は財務諸表の取扱方法を規定している。1930 年代半ば，会計基準設定主体のあり方に関しては意見対立があった。それ故に 1938 年 4 月，意見対立を和らげる方策の一つとして SEC から会計連続通牒第 4 号「財務諸表の取扱解釈規定」がリリースされる。その狙いは，SEC が自らの会計原則設定権限を留保しつつも直接的には会計プロフェッション界が会計原則を設定できるように体制を整備することであった。

ASR 第 4 号の文脈は SEC の実質的な支持を得ていない会計原則に関し，1933 年，1934 年証券二法規定の下で SEC にファイルされた財務諸表は，誤導されているか，あるいは不正確なものと解される旨を定めている。

本 ASR 第 4 号により，初めて会計プロフェッション界発の諸勧告が「実質的に権威ある支持」を得ているとして SEC に認められる環境が整えられた。

(2) 1940年12月 ASR第19号：マケソン・ロビンス社事件に関して

In the Matter of Mckesson Robbins Inc., Summary of Findings and Conclusions, No.1-1435, 1934 Act Section 21（a）（CCH, Inc. Accounting Series Releases and Staff Accounting Bulletins, as of July 6, 1978, AS-19 ¶ 3020）

　ASR 第 19 号は，1938 年 12 月 29 日付 SEC 通達に基づき 1939 年 1 月 5 日から 4 月 25 日まで開催されたマケソン・ロビンス社事件の聴聞会に関わる記録である。SEC による聴聞会開催命令は，同社の年次報告書が虚偽表示されておりしかるに誤導を生む懸念があるという証拠の提出に基づいていた。

　本第 19 号はその聴聞会の結果を纏め，同社事件の反省に基づいて編纂されている。ところで同社事件後は SAP 第 1 号と ASR 第 19 号が目指したように，不正の発見を目的にして監査手続の範囲が拡張されて行く。

　本第 19 号は次を言う。「(PW) 会計事務所は監査を進める上で，職業専門家としての業務履行に不可欠で，かつ監査に関わる名高く権威ある文献で勧告されている程の警戒心や探究心を働かせず，また入手可能な証拠に対する分析もしていなかった」。「SEC のスタッフの注意力と，経験豊富な会計士が実施する分析をもってすれば，共謀不正であれ何であれ，資産と利益の過大表示は発見できると期待される」と。すなわち ASR 第 19 号によれば，もしも監査人が立会及び確認手続等を用いて財務記録を確かめていればマケソン・ロビンス社事件はいち早く発見されていただろうと主張されたのである。

　ところで本第 19 号にて懐疑心たる用語は一切用いられていない。1940 年当時，監査人に求められていた精神態度は，警戒心（vigilance）と探究心（inquisitiveness），さらには注意深さ（alertness）で十分だったのである。

(3) 1973年12月 ASR第150号：会計原則及び基準への支持に関して

Statement of Policy on the Establishment and Improvement of Accounting Principles and Standards. 38 F.R.1260.（CCH, Inc. Accounting Series Releases and Staff Accounting Bulletins, as of July 6, 1978, AS -150 ¶ 3152）

　ASR 第 150 号は SEC の管轄下で提出される財務諸表が，投資家にとって必要な情報を伴うものでなければならないと言う。同号曰く「SEC は，会計専門職が専門知識，情熱，さらにリソースを用い，責任を重んじて会計原則

を確立し改善させることにつき，基準設定団体側がリーダーシップを発揮すべきと考えている」との由である。

　同号は1938年のASR第4号に含まれていた「SECが実質的に支持しない会計実務により作成された財務諸表は誤導に至る」という旨の文脈を，1970年代になって再度，掲げるものとなった。その上でSECは，民間非営利の新設会計基準策定機関（すなわちFASB）が定める会計原則が，SECの実質的で権威ある支持を受けていることを認めたのである。

（4）1974年2月 ASR第153号：トゥシュ・ロス会計事務所の業務品質

Findings, Opinion and Order Accepting Waiver and Consent and Imposing Remedial Sanctions, *In the Matter of Touche Ross & Co.*, Feb. 25, 1974, No.5459, and No. 10654（CCH, Inc. Accounting Series Releases and Staff Accounting Bulletins, as of July 6, 1978, AS-153 ¶3155）

　当該ASR第153号ではSECの公式文書上，初めて懐疑心要請が記された。同号は1974年2月，監査人に「正当な注意義務」を求めるに留まらない，「健全な懐疑心」を働かせるよう要請したのである。

　同ASR第153号にては以下の事実が明らかにされた。すなわち「1973年12月10日に上場廃止となったUSファイナンシャル社の1969年から1972年の財務報告に関する非公開調査において，同社がSEC宛に提出した財務書類に関しては虚偽があり，誤導に至るものであると判明した。同社の監査はトゥシュ・ロス（TR）会計事務所が担当していた。今後の監査契約の遂行にあっては同会計事務所が，職業専門家としての正当な注意を行使する責任を十分果すことを期待している」。そして「新たな手続がどのようなものであれ我々は，それが有効な監査に不可欠である健全な懐疑心に取って代わり得ないと確信している」との旨である。

　健全な懐疑心に関わり，同号の記述内容の要点は，コーエン委員会報告書の文脈とおよそ一致している。

（5）1975年7月 ASR第173号：PMM会計事務所の業務品質

Opinion and Order in a Procedure Pursuant to Rule 2 (e) of the Commission's Rule of Practice, *In The Matter of Peat, Marwick, Mitchell & Co.*, July 2, 1975. No.11517（CCH, Inc. Accounting Series Releases and Staff Accounting Bulletins, as of July 6, 1978, AS-173 ¶ 3175）

ASR第173号はコーエン委員会に影響を与えており，それは健全な懐疑心を要請している。

ところで，1972年2月から1974年3月の間，SEC はピート・マーウィック・ミッチェル（PMM）会計事務所に対し4件の民事差止命令を出した。それらは以下の事件に関連する命令だった。

- ナショナル・スチューデント・マーケティング社事件
- ターレイ・インダストリーズ社事件
- ペン・セントラル鉄道会社事件
- リパブリック・ナショナル生命保険会社事件

当該第173号はペン・セントラル鉄道会社事件に関わった（PMM）会計事務所が SEC のガイドラインに沿って行動していなかったその状況を示している。加えて SEC はスターリング・ホメックス社に対し（PMM）会計事務所が実施した監査内容を調査した，その状況をも説明している。

（6）1976年4月 ASR第194号：前任監査人との非合意事項

Reporting Disagreement with Former Accountants – Adoption of Amendments of Requirements, Securities Act Release No. 5730, Exchange Act Release No.12663, Holding Company Act Release No. 19630（CCH, Inc. Accounting Series Releases and Staff Accounting Bulletins, as of July 6, 1978, AS-194 ¶ 3197）

ASR 第194号は SEC 財務諸表規則（レギュレーション S-X）の修正に関わ

りある通牒である。同号は，前任監査人と後任監査人との間で同意が得られ
なかった事項に関し，財務諸表脚注開示の修正に至ることを求めている。

（7）1976年9月 ASR第196号：セイドマン会計事務所の業務品質に関わり

In the Matter of Seidman & Seidman, Opinion and Order Pursuant to
Rule 2（e）of the Commission's Rules of Practice, Sept.1, 1976, Exchange
Act Release No.12752（CCH, Inc. Accounting Series Releases and Staff
Accounting Bulletins, as of July 6, 1978, AS-196 ¶ 3199）

本 ASR 第 196 号では，1910 年にニューヨーク市で設立されたセイドマン
会計事務所の監査品質が SEC により批判された。以下は，本 ASR 第 196 号
により SEC がセイドマン会計事務所の関わりを指摘しているケースである。
- ウォルフソン・ウェイナー・ラトフ・アンド・ラピン会計事務所との合併
- センコ社事件
- エクイティ・ファンディング社事件
- オムニ・レックス・ヘルス・システムズ社事件
- サコム社事件

ところで，エクイティ・ファンディング保険会社内で不正が隠されていた
1968 年当時，セイドマン会計事務所のパートナー数は僅か 10 名だった。し
かし当該事務所はエクイティ・ファンディング社を顧客に持ったこと等によ
り，その後は合併を重ね，規模を急拡大させた。本 ASR 第 196 号にてはセ
イドマン会計事務所の悪質な監査実態が窺い知れる。

（8）1978年2月 ASR第242号：FCPA法施行に関わる通知

Notification of Enactment of Foreign Corrupt Practices Act of 1977.
February 16, 1978; 43 F.R.7752: Exchange Act Release No.14478（CCH, Inc.
Accounting Series Releases and Staff Accounting Bulletins, as of July 6, 1978, AS-
242 ¶ 3246）

本 ASR 第 242 号は，1934 年証券取引所法 §12 及び §15（d）登録者の海外不正支払を非合法と見なす旨の SEC からの公式通知である。コーエン委員会は海外不正支払防止法（FCPA）の円滑な施行のために本第 242 号をリリースした。同号は 1977 年 12 月 19 日に発効した FCPA 法の意図を詳しく説明している。

（9）1978年5月 ASR第248号：E&E会計事務所の業務品質に関して

Opinion and Order Pursuant to Rule 2（e）of the Commission's Rules of Practice, *In the Matter of Ernst & Ernst*, Cleveland, Ohio, Clarence T. Isensee, and John F. Maurer, Release No.248, May 31, 1978: File No.3-2233 (CCH, Inc. Accounting Series Releases and Staff Accounting Bulletins, as of July 6, 1978, AS-248 ¶3252)

コーエン委員会が視野に収めた SEC 会計連続通牒は，1978 年にリリースされた当該 ASR 第 248 号までだった。

ASR 第 248 号はウェステック社事件の詳述に及んでいる。同社事件で（E&E）会計事務所は SEC から譴責処分を受け，パートナーの一人は業務停止処分を言い渡された。

ところでコーエン委員会報告書は，非監査業務受注の故に監査人の独立性が損なわれたケースは当該ウェステック社事件に限られると報告している。

付録2 ■ 主要な史実——監査規範の展開史（年表）

経営者不正を省察する上では監査規範内容の歴史的変遷に留意しておく必要がある。筆者は，本書の趣旨に関わる米国の現代監査史をおよそ以下のように三つのステージに分けて捉える。

〔1〕「経営者誠実性の前提」——監査史の初めから SAS 第16号（1977）迄。
〔2〕「中立性の時代」——コーエン委員会報告書（1978）から SAS 第99号（2002）刊行以前の時期迄。
〔3〕「懐疑原理主義へ」——新世紀，オマリー・パネル報告書（2000）刊行後。

以下，読者の便宜のため，1854年から2013年までの160年程の間の主要な会計・監査事象を挙げる。

主要な史実－監査規範の展開史年表

年 月	米国内事象例	国際事象例	事件・事例等
〔1-1〕 現代監査の黎明期（奉仕者たる公認会計士と経営者の誠実性の前提）			
1854年		（英）スコットランド協会への最初の勅許－勅許会計士（CA）称号付与	
1862年	南北戦争の戦費調達のための所得税の導入		
1887年	• 米国公共会計士協会（American Association of Public Accountants）設立 •（2月）州際通商法（ICA）制定及びその後の州際通商委員会（ICC）の成立		

年　月	米国内事象例	国際事象例	事件・事例等
1892 年		（英）ディクシーの監査書の出版	
1893 年	金融恐慌で多数の鉄道会社が破綻		
1895 年	後のビッグ8に至る初の米国会計事務所 Haskins & Sells 会計事務所の開設		
1896 年	● (4 月) ニューヨーク州公認会計士法成立 ● (12 月) 初の CPA 称号の付与		
1899 年	女性で最初の公認会計士（クリスティン・ロス）		
1900 年		（英）有限責任会社に対する年次監査の強制	
1904 年	セントルイスで初の世界会計士会議開催		
1905 年	ディクシー監査書のモントゴメリー版の出版		
1912 年	モントゴメリー独自の監査書の初版 (Auditing: Theory and Practice) の出版		アーサー・アンダーセンがノースウェスタン大学会計学准教授に就任
1913 年	ライブランド・ロス・ブラザーズとモントゴメリーの所得税法起草に基づく連邦所得税法の施行		シカゴにてアーサー・アンダーセン会計事務所開業
1916 年	AAA の前身たる米国大学会計教師協会（AAUIA）の設立		
〔1-2〕産業の進展と経営者誠実性の前提の継続			
1917 年	AIA による最初の権威ある監査の公式見解の発表		公共会計士協会（AAPA）が会計士協会（AIA）へと改称された
1921 年	米国会計検査院（GAO）創設		
1926 年			AAA 機関誌「アカウンティング・レビュー」第1号発刊（3 月）

年　月	米国内事象例	国際事象例	事件・事例等
1930 年			（公表財務諸表による開示主義の展開を決定づけた）J.M.B. ホクセイ「投資家のための会計」刊行
1932 年			クロイゲル・アンド・トル社事件（法定監査制度導入の契機）
1933 年 5 月	証券法制定		
1933 年 7 月	上場企業強制監査制度の導入（NYSE が監査報告書添付を要件にする）		
1934 年 6 月	証券取引所法制定		
1934 年 9 月	SEC 創設		
1936 年	AIA が最初に発表した監査指針たる（1917 年監査に関する公式見解の改訂版）「独立会計士による財務諸表の監査」の公表		SEC 初代主任会計官 C.G. Blough 就任（任期 1935-1938）
1938 年 4 月	• ASR 第 4 号「財務諸表の取扱解釈規定」のリリース • 証券取引所法改正（マロニー法成立）		SEC 主任会計官 W.W. Werntz 就任（任期 1938-1947）
1939 年 10 月	監査基準設定作業開始：（1938 年マケソン・ロビンス社事件後の）監査手続書（SAP）第 1 号「監査手続の拡張」公表		
1948 年- 1949 年	AIA「一般に認められた監査基準」10 基準採択		SEC 主任会計官 E.C. King 就任（任期 1947-1956）
1957 年			AIA が AICPA に改称

年　月	米国内事象例	国際事象例	事件・事例等
1960 年 9 月	SAP 第 30 号「財務諸表監査における独立監査人の責任と職能」（経営者による意図的虚偽記載が初めて議論される）		SEC 主任会計官 A. Barr 就任 （任期 1956-1972）
1961 年	マウツ＝シャラフ「監査哲理」出版		
1963 年	証券市場特別調査報告書勧告（外形基準導入と店頭銘柄への規制拡大）		
1965 年			R. マウツが AAA 会長に就任
1966 年	10 月 5 日 SEC 委員長コーエンの AICPA 年次委員会講演（会計事務所が被監査企業の役員等募集を行うことの懸念の表明）		AAA 基礎的会計理論（ASOBAT）刊行
1969 年	ホィート報告書勧告（証券二法に定められた開示の強化徹底及び制度効率の再検討）		
1972 年 11 月	SAS 第 1 号「監査基準および手続の集大成」の公表		SEC 主任会計官 J.C. Burton 就任 （任期 1972-1976）
1972 年	・（3 月）FASB 創設に関わるホィート委員会報告書の刊行 ● ・（11 月）従前の監査手続書（SAP）の全部が纏められ SAS 第 1 号刊行		AICPA が 1971 年 3 月に任命。1960 年代以降の財務報告に対する批判に対応して設置された。
1973 年 1 月	財務会計基準審議会（FASB）の活動開始		
1973 年 4 月	エクイティ・ファンディング社倒産		
1973 年	AAA「基礎的監査概念」（ASOBAC）刊行		
1973 年 10 月	トゥルーブラッド委員会報告書「財務諸表の目的」刊行 ●		AICPA が 1971 年 4 月に任命。外部情報利用者のニーズを重視しその後の概念フレームワーク構築へと繋がる。

年　月	米国内事象例	国際事象例	事件・事例等
〔2〕中立性の時代			
1974 年 1 月	コーエン「監査人の責任」委員会の設置		（1970 年代半ば）会計職業に関する連邦議会の公聴会
1974 年 7 月	Whittaker 事件により SEC がアーサー・アンダーセン会計事務所を譴責処分	1975 年 4 月 ベトナム戦争終戦	SEC 主任会計官 A.C. Sampson （1976 着任）
1977 年 1 月	**SAS 第 16 号「誤謬または異常項目の発見に関する独立監査人の責任」**		
1977 年 3 月	「コーエン委員会（中間）報告書」刊行		
1977 年	• (6 月) メトカーフ公聴会における SEC 委員長ウィリアムズの証言（POB 設置構想の起点） • (11 月) 4 月－6 月中 3 回の公聴会を経てメトカーフ小委員会最終報告書答申		
1977 年 12 月	カーター［民主党］大統領の署名により海外不正支払防止法（FCPA）発効		
1978 年	• 1 月 12 日メトカーフ上院議員死去及び同委員会活動の（上院）イーグルトン委員会への承継 • 「コーエン委員会（最終）報告書」の刊行と監査基準審議会（AICPA・ASB）設置		M. ムーニッツが AAA 会長に就任
1985 年 2 月	監査の有効性と SEC の監督責任を問うための下院エネルギー・通商小委員会（座長ディンゲル）公聴会の開催		
1986 年 4 月	AICPA アンダーソン委員会報告書答申		
1986 年 12 月	AICPA「公認会計士と会計プロフェッションに対する大規模調査」（ハリス調査）結果の公表		
1987 年 9 月	AI (CP) A 創立 100 周年記念年次総会開催		

年　月	米国内事象例	国際事象例	事件・事例等
1987年10月	トレッドウェイ委員会報告書「不正な財務報告」（NCFFR）刊行		
1988年4月	**SAS第53号「誤謬または異常項目の発見と報告に関する監査人の責任」を含む9つの期待ギャップ基準書群の公表**		
1989年	S&L救済法（「金融機関改革・復興・摘発法」）の制定と整理信託公社（RTC）の設立		
1992年12月	トレッドウェイ委員会組織委員会報告書「内部統制の統合的枠組み」の刊行	（英）「キャドベリー委員会報告書－コーポレート・ガバナンスの財務的側面」刊行	
1993年3月	POB特別報告書「公共の利益」の刊行		
1995年7月		（英）「グリーンベリー委員会報告書－取締役の報酬」	
1997年2月	**SAS第82号「財務諸表監査における不正の考慮」**		
1997年	（8月）「インフォミックス社」の不正経理による過年度財務諸表修正	（日）3月（原初版）監査基準委員会報告書第10号「不正と誤謬」〔日本基準で初めて懐疑心が表出〕	
1998年9月	SECアーサー・レビット委員長の講演「ザ・ナンバーズ・ゲーム」	（英）1月「ハンペル委員会報告書－コーポレート・ガバナンス最終報告」	
〔3〕懐疑原理主義へ			
2000年8月	POB「監査の有効性に関する専門委員会」（オマリー・パネル）報告書刊行		

年　月	米国内事象例	国際事象例	事件・事例等
2000 年 10 月	SEC「選択開示とインサイダー取引」規制たるレギュレーション FD の施行		（日）2000 年そごう及び千代田生命が経営破綻。2001 年フットワークエクスプレス，マイカル他が経営破綻
2001 年	• （2 月）「センダント /CUC」経営陣 3 名起訴 • （5 月 31 日）SEC 主任会計官ターナー「収益認識」の特別講演	**ISA 第 240 号（原初版）「財務諸表監査における不正と誤謬の考慮に対する監査人の責任」**	
2001 年 12 月	エンロン社の経営破綻		
2002 年 1 月	AAA が SEC の資金援助と FASB の協力を得てアトランタ・エモリー大学において「財務報告の品質に関る会議」を開催	懐疑心の監査一般基準における表出。	• （日）2002（平成 14）年監査基準改訂（企業会計審議会）
2002 年 2 月	SAS 第 82 号改訂に向けての公開草案（ASB）		
2002 年 3 月		国際監査実務委員会（IAPC）の国際監査・保証基準審議会（IAASB）への改組	
2002 年 5 月	1997 年第 10 号の最終改正版でありこれは 2001 年 3 月公表の ISA 第 240 号規定を参考に編纂された。		• （日）（改訂版）監査基準委員会報告書第 10 号「不正および誤謬」（日本公認会計士協会監査基準委員会）
2002 年 7 月	• （7 月 21 日）ワールドコム社破綻 • 企業改革（SOX）法制定と PCAOB の設置		
2002 年 11 月	**SAS 第 99 号「新・財務諸表監査における不正の考慮」**		

年　月	米国内事象例	国際事象例	事件・事例等
2004 年 2 月		**ISA 第 240 号（改訂版）「財務諸表監査における不正の考慮に対する監査人の責任」**	
2003 年 12 月			12 月 12 日ワシントン D.C. での AICPA 年次総会における D.R. カーマイケルの講演 "Professionalism is primary"
2004 年 11 月	本意見書により懐疑心が「証拠として入手した情報の妥当性について批判的に評価すること」と定義された。		・（日）「財務情報等に係る保証業務の概念的枠組みに関する意見書」の公表（企業会計審議会）
2005 年 1 月			（日）企業会計審議会内部統制部会設置［カネボウ粉飾］
2006 年 10 月	同号 VI.24 にては SAS 第 99 号の核心に相似する「経営者等の誠実性に関する過去の経験にかかわらず，不正による重大な虚偽の表示が行われる可能性を認識し，監査の全過程を通じ，職業的懐疑心を保持しなければならない」と記された。すなわち不正リスクの認識と SAS 第 99 号との間の同軌性の確保に期待が向けられた。		**・（日）監査基準委員会報告書第 35 号「財務諸表の監査における不正への対応」（日本公認会計士協会監査基準委員会）**
2008 年 10 月		クラリティ版 ISA 第 200 号「独立監査人の全般的な目的および国際監査基準に準拠した監査の実施」	

年　月	米国内事象例	国際事象例	事件・事例等
2012 年 3 月		（英）財務報告評議会（FRC）監査実務審議会「職業的懐疑心：共通認識の確立および監査の品質の確保における中心的な役割の再確認」	
2012 年 12 月	PCAOB スタッフ監査実務アラート第 10 号のリリース		
2013 年 3 月		オリンパス社事件の反省を契機に。	■（日）「監査におけるリスク対応基準」の新設
2013 年 3 月		本邦平成 25 年不正リスク対応基準に関しては特に監査チーム内外での討議と情報の共有が要請された点が特徴。	■（日）（クラリティ版）監査基準委員会報告書第 240 号「監査基準の改訂および監査における不正リスク対応基準」（企業会計審議会）

主要参考文献

―洋書（翻訳書）―

Abdel-Khalik, A.R. and T.F. Keller（ed.）（1978）*The Impact of Accounting Research on Practice and Disclosure*, Duke University Press.

Allen, F.L.（1931）*Only Yesterday: An Informal History of the 1920s*.（藤久ミネ訳『オンリー・イエスタデイ：一九二〇年代・アメリカ』研究社, 1975 年）

Altman, E.I. and T.P. McGouh（1974）Evaluation of a Company as a Going Concern, *Journal of Accountancy*, December, pp.50-57.

American Accounting Assocaiation［AAA］（1966）*A Statement of Basic Accounting Theory*［ASOBAT］.（飯野利夫訳『基礎的会計理論（第13版）』国元書房, 1977 年（初版 1969 年））

AAA（1973）*A Statement of Basic Auditing Concepts*［ASOBAC］: *Studies in Accounting Research, No.6*.

AAA（1977）Committee on Concepts and Standards for External Financial Reports, *Statement on Accounting Theory and Theory Acceptance*.（染谷恭次郎訳『アメリカ会計学会　会計理論及び理論承認』国元書房, 1980 年）

American Institute of Certified Public Accountants［AICPA］（Vol.1: 1973, Vol.2: 1974）*Objectives of Financial Statements: Report of the Study Group on the Objectives of Financial Statements*.（川口順一訳『アメリカ公認会計士協会 財務諸表の目的』同文舘出版, 1976 年）

AICPA（1978）*The Commission on Auditors' Responsibilities: Report, Conclusions, and Recommendations*［AICPAコーエン委員会報告書］.（鳥羽至英訳『財務諸表監査の基本的枠組み：見直しと勧告』白桃書房, 1990 年）

AICPA（1979）*Report of the Special Advisory Committee on Internal Accounting Control*［ミナハン委員会報告書］, *Conclusions and Recommendations of the Special Advisory Committee on Reports by Management*［サボイエ委員会報告書］, *Report of the Special Committee on Audit Committees*［ニアリー委員会報告書］.（鳥羽至英訳『財務諸表監査と実体監査の融合：結論と勧告』白桃書房, 1991 年）

AICPA（1986）*Report of the Special Committee on Standards of Professional Conduct for Certified Public Accountants*.（八田進二訳『会計プロフェッションの職業基準：見直しと勧告』白桃書房, 1991 年）

AICPA（1994）*Improving Business Reporting: A Customer Focus: Meeting the Information Needs of Investors and Creditors: A Comprehensive Report*.（八田進二・橋本尚共訳『ジェンキンズ委員会報告書事業報告革命：顧客指向の視点』白桃書房, 2002 年）

AICPA（2000）*Public Oversight Board*［POB］. *The Panel on Audit Effectiveness, Report and Recommendations*［オマリー・パネル報告書］.（山浦久司監訳『公認会計士監査：米国POB＜現状分析と公益性向上のための勧告＞』白桃書房, 2001 年）

AICPA（2006）*Professional Standards*, Vol.1 & Vol.2, As of June 1, 2007.

Anderson, A.G.（1974）The Disclosure Process in Federal Securities Regulation: A Brief

Review, *The Hastings Law Journal*, Vol.25, No.2, pp.311-354.

Bedford, N.M.（1965）*Income Determination Theory: An Accounting Framework*, 1st ed., Addison-Wesley Educational Publishers Inc.（大藪俊哉・藤田幸男共訳『利益決定論：会計理論的フレームワーク』中央経済社，1984 年）

Bedford, N.M. and V. Baladouni（1962）A Communication Theory Approach to Accountancy, *The Accounting Review*, Vo.37, No.4, pp.650-659.

Bell, T.B., M.E. Peecher and I. Solomon（2005）*The 21st Century Public Company Audit: Conceptual Elements of KPMG's Global Audit Methodology*, KPMG International.（鳥羽至英・秋月信二・福川裕徳監訳，岡嶋慶ほか訳『21 世紀の公開会社監査：KPMG 監査手法の概念的枠組み』国元書房，2010 年）

Berle, A.A.（1959）*Power without Property: A New Development in American Political Economy*, Harcourt Brace.（加藤寛・関口操・丸尾直美訳『財産なき支配』論争社，1960 年）

Berle, A.A. and G.C. Means（1932）*The Modern Corporation and Private Property*, NY: The Macmillan Company.（森杲訳『現代株式会社と私有財産』北海道大学出版会，2014 年）

Blackford, M.G. and K.A. Kerr（1986）*Business Enterprise in American History*, Houghton Mifflin.（川辺信雄監訳『アメリカ経営史』ミネルヴァ書房，1988 年）

Blough, C.G.（1937）The Need for Accounting Principles, *The Accounting Review*, Vol.12, No.1, pp.30-37.

Boutell, W.S.（1965）*Auditing with the Computer*, Berkeley, CA: University of California Press.

Brewster, M.（2003）*Unaccountable: How the Accounting Profession Forfeited A Public Trust*, Wiley.（友岡賛監訳，山内あゆ子訳『会計破綻』税務経理協会，2004 年）

Briloff, A.J.（1966）Old Myths and New Realities in Accountancy, *The Accounting Review*, Vol.41, No.3, pp.484-495.

Briloff, A.J.（1972）*Unaccountable Accounting*, HarperCollins.

Burton, J.C.（1972）Symposium on Ethics in Corporate Financial Reporting, *Journal of Accountancy,* January, pp.46-50.

Carey, J.L.（1969）*The Rise of the Accounting Profession: From Technician to Professional, 1896-1936*, NY: AICPA.

Chatov, R.（1975）*Corporate Financial Reporting: Public or Private Control?*, The Free Press.

Chisholm, R.M.（1989）*Theory of Knowledge*, Prentice Hall.（上枝美典訳『知識の理論（第 3 版）』世界思想社，2003 年）

Chisholm, R.M.（1996）*A Realistic Theory of Categories*, Cambridge University Press.

Colasse, B.（2005）Les Grands Auteurs en Comptabilité, Editions Management et Société, Colombelles, France.（藤田晶子訳『世界の会計学者：17 人の学説入門』中央経済社，2007 年）

Dicksee, L.R.（1898）*Auditing: A Practical Manual for Auditors*, 3rd ed., London: Gee & Co.

Douglas, W.O.（1976）The Historical Role of the SEC in Accounting Matters, in T.J. Burns and H.S. Hendrickson（ed.）（1976）*The Accounting Sampler,* 3rd ed., McGraw-Hill, pp.320-322.

Edwards, J.D.（1978）*History of Public Accounting in the United States*, Accounting History Classics Series, The University of Alabama Press.

Edwards, J.R. and S.P. Walker（ed.）（2009）*The Routledge Companion to Accounting History*, Routledge.

Financial Accounting Standards Board（1986）*Accounting Standards, Statements of Financial Accounting Concepts 1-6*, McGraw-Hill.

Flint, D.（1971）The Role of the Auditor in Modern Society: An Exploratory Essay, *Accounting and Business Research*, Vol.1, No.4, Autumn, pp.287-293.

Flint, D.（1985）Professor Limperg's Audit Philosophy: The Theory of Inspired Confidence, *The Social Responsibility of the Auditor*, Amsterdam: Limperg Institute.

Flint, D.（1988）*Philosophy and Principles of Auditing: An Introduction*, Palgrave MacMillan.（井上善弘訳『監査の原理と原則（香川大学経済研究叢書 31）』創成社, 2018 年）

General Accounting Office［GAO］（1996）*The Accounting Profession: Major Issues: Progress and Concerns*, Diane Publishing Co.（藤田幸男・八田進二監訳『アメリカ会計プロフェッション最重要問題の検証：改革の経緯と今後の課題』白桃書房, 2000 年）

GAO（2003）*Public Accounting Firms: Required Study on the Potential Effects of Mandatory Audit Firm Rotation.*（八田進二・橋本尚・久持英司訳『GAO 監査事務所の強制的交代：公開会社監査事務所の強制的ローテーションの潜在的影響に関する両委員会の要請に基づく調査』白桃書房, 2006 年）

Gray, I. and S. Manson（2008）*The Audit Process*, 4th ed., Thomson Learning.

Greco, J.（ed.）（2008）*The Oxford Handbook of Skepticism*, Oxford University Press.

Hawkins, D.F.（1963）The Development of Modern Financial Reporting Practices Among American Manufacturing Corporations, *Business History Review*, Vol.37, No.3, pp.135-168.

Healey, R.E.（1938）The Next Step in Accounting, *The Accounting Review*, Vol.13, No.1, pp.1-9.

Hoxsey, J.M.B.（1930）Accounting for Investors, *Journal of Accountancy*, Vol.50, No.4, pp.251-284.

Humphrey, C., P. Moizer and S. Turley（1992）*The Audit Expectations Gap in the United Kingdom*, Institute of Chartered Accountants in England & Wales［ICAEW］.

Hunt, L.（2018）*History: Why It Matters*, Polity.（長谷川貴彦訳『なぜ歴史を学ぶのか』岩波書店, 2019 年）

Institute of Directors in Southern Africa［IoDSA］（1994）*The King Report on Corporate Governance*, King Committee on Corporate Governance.（八田進二・町田祥弘・橋本尚訳『コーポレート・ガバナンス：南アフリカ・キング委員会報告書』白桃書房, 2001 年）

James, W.（1907）*Pragmatism*（Dover Philosophical Classics）,（new ed., Dover Publications, 1995）.

Knapp, M.C.（2006）*Contemporary Auditing: Real Issues and Cases*, 6th ed., Thomson South-Western.

Kohler, E.L.（1970）*A Dictionary for Accountants*, 4th ed., Prentice Hall.（染谷恭次郎訳『会計学辞典』丸善, 1973 年）

Kraft, V.（1950）*Der Wiener Kreis: der Ursprung des Neopositivismus*, Springer.（寺中平治訳

『ウィーン学団：論理実証主義の起源・現代哲学史への一章』勁草書房，1990 年）

Krooss, H.E. and C. Gilbert（1972）*American Business History*, Prentice Hall.（鳥羽欽一郎ほか訳『アメリカ経営史（上）』東洋経済新報社，1974 年）

Levitt, A. with P. Dwyer（2002）*Take on the Street: What Wall Street and Corporate America don't Want You to Know*, Pantheon.（小川敏子訳『ウォール街の大罪：投資家を欺く者は許せない!』日本経済新聞社，2003 年）

Littleton, A.C.（1933）*Accounting Evolution to 1900*, The American Institute Publishing Co.（片野一郎訳『リトルトン会計発達史』同文舘出版，1952 年）

Mathews, G.C.（1938）Accounting in the Regulation of Securities Sales, *The Accounting Review*, Vol.66, pp.226-235.

Mattessich, R.（2008）*Two Hundred Years of Accounting Research*, Routledge.

Mautz, R.K.（1959）Evidence, Judgment, and the Auditor's Opinion, *Journal of Accountancy*, April, pp.40-44.

Mautz, R.K. and H.A. Sharaf（1961）*The Philosophy of Auditing*（AAA Monograph No.6, 18th printing 1997）.

May, G.O.（1943）*Financial Accounting: A Distillation of Experience*, Scholars Book Co.（reprinted 1972）

Merino, B.D.（2013）Has the Time Come to Remove the Stockholder from Center Stage?, *Conference Proceedings Vol.III*, III Balkans and Middle East Countries Conference on Accounting and Accounting History, Istanbul, June 19-22, 2013.

Montagna, P.D.（1974）*Certified Public Accounting: A Sociological View of a Profession in Change*, Scholars Book Co.

Montague, W.P.（1953）*The Ways of Knowing or the Methods of Philosophy*, 4th ed., Humanities Press Inc.（first edition 1925; reprinted 1978）

Montgomery, R.H.（1912; 1916; 1923; 1957）*Auditing, Theory and Practice*, NY: The Ronald Press.

Moonitz, M.（1974）*Obtaining Agreement on Standards in the Accounting Profession*, AAA.（小森瞭一訳『アメリカにおける会計原則発達史』同文舘出版，1979 年）

Moran, D.（ed.）（2008）*The Routledge Companion to Twentieth Century Philosophy*, Routledge.

（The）National Commission on Fraudulent Financial Reporting［Treadway Commission］（1987）*Report of the National Commission on Fraudulent Financial Reporting*, U.S. Securities and Exchange Commission.（鳥羽至英・八田進二訳『不正な財務報告：結論と勧告』白桃書房，1999 年）

Nin, A.（2013）Evolution of Professional Skepticism and Its Thought Background, *Conference Proceedings Vol.III*, III Balkans and Middle East Countries Conference on Accounting and Accounting History, Istanbul, June 19-22, 2013.

O'Reilly, V.M., M.B. Hirsch, P.L. DeFliese and H.R. Jaenicke（1990）*Montgomery's Auditing*, 11th ed., Coopers & Lybrand（USA）, John Wiley & Sons, Inc.（中央監査法人訳『モントゴメリーの監査論』中央経済社，1993 年）

Palmrose, Z.V.（1988）An Analysis of Auditor Litigation and Audit Service Quality, *The*

Accounting Review, Vol.63, No.1, pp.55-73.

Palmrose, Z.V.（1991）Trials of Legal Disputes Involving Independent Auditor, *The Journal of Accounting Research*, Vol.29, Supplement, pp.149-185.

Palmrose, Z.V.（1997）Who Got Sued, *Journal of Accountancy*, March, p.67.

Paton, W.A.（1922）*Accounting Theory: With Special Reference to the Corporate Enterprise*, Scholars Book Co.（reprinted 1973）

Paton, W.A. and A.C. Littleton（1940）*An Introduction to Corporate Accounting Standards*, AAA.（中島省吾訳『会社会計基準序説（改訳版）』森山書店, 1958 年）

Pattillo, J.W.（1965）*The Foundation of Financial Accounting*, Louisiana State University Press.（飯岡透・中原章吉訳『財務会計の基礎』同文舘出版, 1970 年）

Poole, S.（2016）*Rethink: The Surprising History of New Ideas*, Scribner.（佐藤桂訳『RE: THINK：答えは過去にある』早川書房, 2018 年）

Public Company Accounting Oversight Board［PCAOB］（2003）*Professionalism is Primary*, Remarks delivered by D.R. Charmichael at AICPA Annual National Conference, Washington D.C., December 12, 2003.

Public Oversight Board（1979）*Scope of Services by CPA Firms: Public Oversight Board Report*, AICPA.

Rappaport, L.H.（1972）*SEC Accounting Practice and Procedure*, 3rd ed., Ronald Press.

Ratner, D.L.（1982）*Securities Regulation in a Nutshell*（*American Casebooks*）, 2nd ed., West Pub. Co.（神崎克郎監訳・野村證券法務部訳『米国証券規制法概説』商事法務研究会, 1984 年）

Ricchiute, D.N.（2005）*Auditing*, 8th ed., Thomson South-Western.

Ripley, W.Z.（1926）*Main Street and Wall Street*, Scholars Book Co.（1927, reissued 1972）

Rittenberg, L.E. and B.J. Schwieger（2005）*Auditing: Concepts for a Changing Environment*, 5th ed., Thomson South-Western.

Robertson, J.C.（1976）*Auditing*, Business Publications.

Schandl, C.W.（1978）*Theory of Auditing: Evaluation, Investigation, and Judgment*, Scholars Book Co.

Scott, DR.（1931）*The Cultural Significance of Accounts*, NY: H. Holt, reprinted 1973, Scholars Book Co.

Securities Exchange Commission（1978）*Accounting Series Releases and Staff Accounting Bulletins*, CCH Inc.

Singleton, T.W., A.J. Singleton, G.J. Bologna and R.J. Lindquist（2006）*Fraud Auditing and Forensic Accounting*, 3rd ed., Wiley.

Skousen, K.F.（1976）*An Introduction to the SEC*, South-Western Publishing Co.

Spacek, L.（1969）*A Search for Fairness in Financial Reporting to the Public*, Arthur Andersen & Co.

Sterling, R.R.（ed.）（1972）*Research Methodology in Accounting*, Scholars Book Co.

Stroud, B.（1984）*The Significance of Philosophical Skepticism*, Oxford University Press.（永井均監訳『君は夢を見ていないとどうして言えるのか：哲学的懐疑論の意義』春秋社, 2006 年）

Trueblood, R.M.（1970）Rising Expectations, *The Journal of Accountancy*, Vol.130, pp.35-38.

Wallace, W.A.（1986）*Auditing Monogrhaphs*⑴ *The Economic Role of the Audit in Free and Regulated Markets,* ⑵ *A Synopsis of Selected Audit Research Findings*, PWS-Kent Publishing Company.（千代田邦夫・盛田良久・百合野正博・朴大栄・伊豫田隆俊共訳『ウォーレスの監査論：自由市場と規制市場における監査の経済的役割』同文舘出版, 1991年）

Weinstein, G.W.（1987）*The Bottom Line: Inside Accounting Today*, New American Library.（渡辺政宏訳『アメリカ会計士事情』日本経済新聞社, 1991年）

Whittington, O.R. and K. Pany（2014）*Principles of Auditing & Other Assurance Services*, 19th ed., Irwin.

Wolk, H.I. and M.G. Tearney（1997）*Accounting Theory: A Conceptual and Institutional Approach*, 4th ed., South-Western College Publishing.

―和書―

青柳文司（1986）「アメリカ会計思潮」『会計ジャーナル』3月号.

新井清光（1979）『会計公準論』中央経済社（初版1969年）.

石田眞得（2006）『サーベンス・オクスレー法概説：エンロン事件から日本は何を学ぶのか』（JLF叢書）商事法務.

伊藤徳正（2011）『ベドフォードの会計思想』成文堂.

今福愛志（1988）「会計規制の新展開：アメリカ下院ディンゲル委員会をめぐって」『産業経理』第48巻第3号, 40-47頁.

大石桂一（2000）『アメリカ会計規制論』（佐賀大学経済学会叢書）, 白桃書房.

岡本浩一（2001）『無責任の構造：モラル・ハザードへの知的戦略』PHP新書.

金井繁雅（1979）「SECディスクロージャー政策のあり方」『会計学研究』第25号, 染谷会計学研究室, 昭和54年11月10日, ㈱プランニングセンター.

蟹江章（2012）「解題深書 監査の品質と懐疑主義」『企業会計』第64巻第10号, 89-93頁.

金子晃（2009）『会計監査をめぐる国際的動向：監査の公正性, 独立性および誠実性の促進のために』同文舘出版.

川北博編著（2005）『新潮流 監査人の独立性』同文舘出版.

神崎克郎（1968）『証券取引規制の研究』（神戸法学双書VIII）, 有斐閣.

久野光朗（2009）『アメリカ会計史序説』同文舘出版.

久保田音二郎（1972）『適正表示の監査』中央経済社.

久米暁（2005）『ヒュームの懐疑論』（岩波アカデミック叢書）, 岩波書店.

桑田耕太郎（2015）「制度的起業研究と経営学」『経営と制度』第13号, 1-24頁.

上妻義直（2004）「オランダ監査制度の系譜」塩原一郎編著『現代監査への道：継承されたものと変革されたもの』同文舘出版.

小森瞭一（1989）『アメリカビジネスの会計規則』英書房.

志邨晃佑（1969）「機械文明」『世界歴史シリーズ第17巻・合衆国の発展』世界文化社.

杉岡仁（2002）『会計ディスクロージャーと監査：再生とさらなる発展』中央経済社.

杉本徳栄（2009）『アメリカSECの会計政策：高品質で国際的な会計基準の構築に向けて』中央経済社.

染谷恭次郎博士還暦記念会編（1983）『財務会計の基礎と展開』中央経済社.

高田敏文（2007）『監査リスクの基礎』同文舘出版.

高松正昭（1983）「ベッドフォードの利益算定理論」染谷恭次郎博士還暦記念会編『財務会計の基礎と展開』（第2部・第1編6章），中央経済社.

高柳一男（2005）『エンロン事件とアメリカの企業法務：その実態と教訓』中央大学出版部.

瀧　博（2014）「監査上の立証構造における職業的懐疑心の役割」『現代監査』第24号，42-49頁.

武田隆二（1992）「監査判断と心証形成」『JICPAジャーナル』第438号，1月，22-33頁.

田中靖浩（2018）『会計の世界史』日本経済新聞出版.

近澤弘治（1966）『マウツの監査論』森山書店.

千代田邦夫（1987）『公認会計士：あるプロフェッショナル100年の闘い』文理閣.

千代田邦夫（1998）『アメリカ監査論（第2版）』中央経済社（初版1994年）.

千代田邦夫（2008）『貸借対照表監査研究』中央経済社.

千代田邦夫（2009）『現代会計監査論（全面改訂版）』税務経理協会（初版2006年）.

千代田邦夫（2012）「公認会計士の職業的懐疑心について：アメリカの監査基準と監査基準書（SAS）における位置付け」『会計専門職紀要』（熊本学園大学大学院会計専門職研究科）第3号，15-39頁.

千代田邦夫（2018）『財務ディスクロージャーと会計士監査の進化』中央経済社.

千代田邦夫・鳥羽至英責任編集（2011）『会計監査と企業統治』（体系現代会計学第7巻），中央経済社.

鳥羽至英（2001）『監査基準の基礎（第2版）』白桃書房（初版1992年）.

鳥羽至英（2009）『財務諸表監査：理論と制度〈基礎編〉』国元書房.

鳥羽至英（2017）『ノート　財務諸表監査における懐疑』国元書房.

鳥羽至英・永見尊・福川裕徳・秋月信二共著（2015）『財務諸表監査』国元書房.

鳥羽至英・村山徳五郎責任編集，八田進二ほか訳・解説（2000a）『SEC「会計連続通牒」〈2〉1970年代（1）』中央経済社.

鳥羽至英・村山徳五郎責任編集，八田進二ほか訳・解説（2000b）『SEC「会計連続通牒」〈3〉1970年代（2）』中央経済社.

友杉芳正（2017）「書評『監査と哲学　会計プロフェッションの懐疑心』」『会計・監査ジャーナル』第29巻第7号.

仲正昌樹（2008）『集中講義!アメリカ現代思想：リベラリズムの冒険』（NHKブックス）日本放送出版協会.

永見尊（2011）『条件付監査意見論』国元書房.

西田剛（1974）『アメリカ会計監査の展開：財務諸表規則を中心とする』東出版.

日本公認会計士協会国際委員会訳（1981）『アメリカ公認会計士協会　監査基準書』同文舘出版.

任　章（1978）「人的資源会計の可能性」『財務会計研究報告』第11号，早稲田大学染谷研究室，㈱プランニングセンター.

任　章（2013）「国際学会リポート　第3回ルカ・パチオリ記念会計史国際会議＆第3回バルカン・中東諸国会計史国際会議」『企業会計』第65巻第10号.

任　章（2017）『監査と哲学：会計プロフェッションの懐疑心』同文舘出版.

任　章（2019）「振り子の揺れを考える：米国現代監査規範の転換点」『会計・監査ジャーナル』第 31 巻第 1 号，110-116 頁.

橋本尚（2009）「会計基準の課題」八田進二編著『会計・監査・ガバナンスの基本課題』第 2章，同文舘出版.

橋本尚編著（2019）『現代会計の基礎と展開』同文舘出版.

八田進二（2005）「会計プロフェッショナリズムと監査人の独立性」川北博編著『新潮流 監査人の独立性』第 4 章，同文舘出版.

八田進二編著（2007）『外部監査とコーポレート・ガバナンス』同文舘出版.

八田進二編著（2009a）『会計・監査・ガバナンスの基本課題』同文舘出版.

八田進二（2009b）『会計プロフェッションと監査：会計・監査・ガバナンスの視点から』同文舘出版.

八田進二・橋本尚共訳（2000）『キャドベリー委員会報告書・グリーンベリー委員会報告書・ハンペル委員会報告書　英国のコーポレートガバナンス』白桃書房.

八田進二・町田祥弘（2013）『逐条解説で読み解く 監査基準のポイント』同文舘出版.

八田進二・町田祥弘（2006）『逐次解説 改訂監査基準を考える』同文舘出版.

平松一夫・広瀬義州訳（2002）『FASB 財務会計の諸概念（増補版）』中央経済社.

広瀬義州（1995）『会計基準論』中央経済社.

福川裕徳・矢定俊博（2019）「会議報告 国際会計士倫理基準審議会（IESBA）ニューヨーク会議報告：非保証業務，職業的懐疑心，報酬，テクノロジー，戦略プラン 2019〜2023 等」『会計・監査ジャーナル』第 31 巻第 1 号，92-96 頁.

福島寿（2006）『監査理論の探究：マウツ＝シャラフの所説及び ASOBAC 監査論の検討を中心として』現代図書.

藤井秀樹（2015）「IASB 改訂概念フレームワークにおける「認識」論のルーツとゆくえ」『企業会計』第 67 巻第 5 号.

藤井秀樹（2016）「会計理論とは何か：アメリカにおけるその役割と進化」『商学論究』（関西学院大学，平松一夫博士記念号）第 63 巻第 3 号，133-155 頁.

古矢旬（2002）『アメリカニズム：「普遍国家」のナショナリズム』東京大学出版会.

細田哲（1979）「1930 年代における SEC の会計政策について：特に会計連続通牒第 4 号を中心として」『会計学研究』第 25 号，染谷会計学研究室，昭和 54 年 11 月 10 日，㈱プランニングセンター.

増田宏一編著（2015）『監査人の職業的懐疑心』（日本監査研究学会リサーチ・シリーズ ⅩⅢ），同文舘出版.

増田宏一・梶川融・橋本尚監訳（2015）「監査人の職業的懐疑心に関する研究」『財務諸表監査における「職業的懐疑心」』同文舘出版.

町田祥弘（2003）「監査報酬に関する先行実証研究」加藤恭彦編『監査のコスト・パフォーマンス：日米欧国際比較』（日本監査研究学会リサーチ・シリーズ Ⅰ），同文舘出版.

町田祥弘（2004）『会計プロフェッションと内部統制』税務経理協会.

町田祥弘（2019）「わが国における監査基準設定主体の課題」橋本尚編著『現代会計の基礎と展開』同文舘出版.

松本祥尚（2011）「職業的懐疑心の発現とその規制（特集 経営環境の変化と監査の変革）」『會計』第 179 巻第 3 号，321-335 頁.

三木正幸（1983）「売却価値会計モデルの構成方法」染谷恭次郎博士還暦記念会編『財務会計の基礎と展開』第2部・第1編3章，中央経済社.

三戸公（1966）『アメリカ経営思想批判：現代大企業論研究』未来社.

村上理（2019）「監査人の交代と不正事例」吉見宏編著『会計不正事例と監査』（日本監査研究学会リサーチシリーズXVI），同文舘出版.

村山德五郎（1990-1992）「新SAS研究ノート〔I, III, V-VII〕監査報告書」『JICPAジャーナル』第424号（1990年11月），第427号（1991年2月），第431号（1991年6月），第434号（1991年9月），第448号（1992年11月）.

山浦久司（2006）「監査基準をめぐる動向と課題，ならびに今後の展望（特集2006年会計制度変革の展望と課題）」『企業会計』第58巻第1号，53-58頁.

山浦久司（2015）『監査論テキスト（第6版）』中央経済社.

山田勲（1983）「アメリカ財務会計におけるSECの役割」染谷恭次郎博士還暦記念会編『財務会計の基礎と展開』第3部・第4編2章，中央経済社.

山本巍・今井知正・宮本久雄・藤本隆志・門脇俊介・野矢茂樹・高橋哲哉共著（1993）『哲学原典資料集』東京大学出版会.

山本幹雄（1969）「合衆国発展期の展望」『世界歴史シリーズ第17巻・合衆国の発展』世界文化社.

百合野正博編著（2013）『アカウンティングプロフェッション論』（日本監査研究学会リサーチ・シリーズXI），同文舘出版.

百合野正博（2016）『会計監査本質論』森山書店.

吉見宏（2005）『監査期待ギャップ論』森山書店.

吉見宏（2006）「環境報告書の保証に関する理論的考察」上妻義直編著『環境報告書の保証』（日本監査研究学会リサーチ・シリーズIV），同文舘出版.

吉見宏編著（2019）『会計不正事例と監査』（日本監査研究学会リサーチシリーズXVI），同文舘出版.

渡辺和夫（1979）「1920年代アメリカの会計ディスクロージャー：W.Z.リプレイの批判を中心として」『会計学研究』第25号，染谷会計学研究室，昭和54年11月10日，㈱プランニングセンター.

—辞書・辞典—

安藤英義・新田忠誓・伊藤邦雄・廣本敏郎編（2007）『会計学大辞典（第五版）』中央経済社.

飯田隆編（2010）『論理・数学・言語（第5版）』（哲学の歴史第11巻），中央公論新社（初版2007年）.

下中邦彦編（1971）『哲学事典（改訂新版）』平凡社（第10刷1979年）.

鈴木勤編（1969）『第一次世界大戦前後』（世界歴史シリーズ第21巻），世界文化社.

ダニエル・オラン著，黒川康正・西川郁生監訳（1990）『英和アメリカ法律用語辞典』PMC出版.（Oran's Law Dictionary for Non-Lawyers, 2nd ed., West Publishing Co.）

番場嘉一郎編（1979）『会計学大辞典』中央経済社.

廣末渉ほか編（2006）『哲学・思想事典』岩波書店.

山本信・黒崎宏編（1987）『ウィトゲンシュタイン小事典』大修館書店.

事項索引

人名索引

【著者紹介】

任　章（にん あきら）
現職　北九州市立大学大学院教授

1979年早稲田大学商学部卒業。1981年同商学研究科博士前期課程修了。
その後J.P.モルガン銀行他での17年の経歴を挟み2002年同後期課程指導認定満期退学。2004年北九州市立大学着任。元米国公認会計士協会会員。元公認会計士試験委員。

［主要著書等］
〈単著〉
『監査と哲学－会計プロフェッションの懐疑心－』同文舘出版，2017年。
〈論文〉
「会計監査の概念形成に影響する現代哲学の諸相」『企業会計』第67巻第5号，2015年。その他「監査人懐疑心」に関わる単著論文等多数。
〈共著〉
塩原一郎先生古希記念会編『現代会計－継承と変革の狭間で－』創成社，2004年。
広瀬義州・徳賀芳弘・内藤文雄［編著］『IFRS会計用語辞典』中央経済社，2010年。

2021年6月30日　　初版発行　　　　　　　　略称：現代監査規範

現代監査規範の転換点
──20世紀アメリカ会計監査史の一断面──

著　者　　任　　　　章

発行者　　中　島　治　久

発行所　同　文　舘　出　版　株　式　会　社

東京都千代田区神田神保町1-41　　〒101-0051
営業（03）3294-1801　　編集（03）3294-1803
振替 00100-8-42935　http://www.dobunkan.co.jp

© A.Nin　　　　　　　　　　　　　　DTP：マーリンクレイン
Printed in Japan 2021　　　　　　　　　印刷・製本：萩原印刷

ISBN978-4-495-21029-8

本書と ともに

監査と哲学
―会計プロフェッションの懐疑心―

任 章 著
A5 判　256 頁
税込 3,630 円（本体 3,300 円）
2017 年 3 月発行

同文舘出版株式会社